中华精神家园

节庆习俗

花好月圆

中秋节俗与赏月之风

肖东发 主编　李姗姗 编著

中国出版集团

现代出版社

图书在版编目（CIP）数据

花好月圆 / 李姗姗编著. — 北京：现代出版社，
2014.7（2020.01重印）
ISBN 978-7-5143-2438-9

Ⅰ．①花… Ⅱ．①李… Ⅲ．①节日－风俗习惯－中国
－通俗读物 Ⅳ．①K892.1-49

中国版本图书馆CIP数据核字(2014)第165208号

花好月圆：中秋节俗与赏月之风

总 策 划：陈　恕
主　　编：肖东发
作　　者：李姗姗
责任编辑：王敬一
出版发行：现代出版社
通信地址：北京市定安门外安华里504号
邮政编码：100011
电　　话：010-64267325 64245264（传真）
网　　址：www.1980xd.com
电子邮箱：xiandai@cnpitc.com.cn
印　　刷：山东省东营市新华印刷厂
开　　本：710mm×1000mm 1/16
印　　张：11
版　　次：2015年4月第1版　2020年1月第3次印刷
书　　号：ISBN 978-7-5143-2438-9
定　　价：40.00元

党的十八大报告指出："文化是民族的血脉，是人民的精神家园。全面建成小康社会，实现中华民族伟大复兴，必须推动社会主义文化大发展大繁荣，兴起社会主义文化建设新高潮，提高国家文化软实力，发挥文化引领风尚、教育人民、服务社会、推动发展的作用。"

我国经过改革开放的历程，推进了民族振兴、国家富强、人民幸福的中国梦，推进了伟大复兴的历史进程。文化是立国之根，实现中国梦也是我国文化实现伟大复兴的过程，并最终体现为文化的发展繁荣。习近平指出，博大精深的中国优秀传统文化是我们在世界文化激荡中站稳脚跟的根基。中华文化源远流长，积淀着中华民族最深层的精神追求，代表着中华民族独特的精神标识，为中华民族生生不息、发展壮大提供了丰厚滋养。我们要认识中华文化的独特创造、价值理念、鲜明特色，增强文化自信和价值自信。

如今，我们正处在改革开放攻坚和经济发展的转型时期，面对世界各国形形色色的文化现象，面对各种眼花缭乱的现代传媒，我们要坚持文化自信，古为今用、洋为中用、推陈出新，有鉴别地加以对待，有扬弃地予以继承，传承和升华中华优秀传统文化，发展中国特色社会主义文化，增强国家文化软实力。

浩浩历史长河，熊熊文明薪火，中华文化源远流长，滚滚黄河、滔滔长江，是最直接的源头，这两大文化浪涛经过千百年冲刷洗礼和不断交流、融合以及沉淀，最终形成了求同存异、兼收并蓄的辉煌灿烂的中华文明，也是世界上唯一绵延不绝而从没中断的古老文化，并始终充满了生机与活力。

中华文化曾是东方文化摇篮，也是推动世界文明不断前行的动力之一。早在500年前，中华文化的四大发明催生了欧洲文艺复兴运动和地理大发现。中国四大发明先后传到西方，对于促进西方工业社会的形成和发展，曾起到了重要作用。

　　中华文化的力量，已经深深熔铸到我们的生命力、创造力和凝聚力中，是我们民族的基因。中华民族的精神，也已深深植根于绵延数千年的优秀文化传统之中，是我们的精神家园。

　　总之，中华文化博大精深，是中国各族人民五千年来创造、传承下来的物质文明和精神文明的总和，其内容包罗万象，浩若星汉，具有很强的文化纵深，蕴含丰富宝藏。我们要实现中华文化伟大复兴，首先要站在传统文化前沿，薪火相传，一脉相承，弘扬和发展五千年来优秀的、光明的、先进的、科学的、文明的和自豪的文化现象，融合古今中外一切文化精华，构建具有中国特色的现代民族文化，向世界和未来展示中华民族的文化力量、文化价值、文化形态与文化风采。

　　为此，在有关专家指导下，我们收集整理了大量古今资料和最新研究成果，特别编撰了本套大型书系。主要包括独具特色的语言文字、浩如烟海的文化典籍、名扬世界的科技工艺、异彩纷呈的文学艺术、充满智慧的中国哲学、完备而深刻的伦理道德、古风古韵的建筑遗存、深具内涵的自然名胜、悠久传承的历史文明，还有各具特色又相互交融的地域文化和民族文化等，充分显示了中华民族的厚重文化底蕴和强大民族凝聚力，具有极强的系统性、广博性和规模性。

　　本套书系的特点是全景展现，纵横捭阖，内容采取讲故事的方式进行叙述，语言通俗，明白晓畅，图文并茂，形象直观，古风古韵，格调高雅，具有很强的可读性、欣赏性、知识性和延伸性，能够让广大读者全面接触和感受中国文化的丰富内涵，增强中华儿女民族自尊心和文化自豪感，并能很好继承和弘扬中国文化，创造未来中国特色的先进民族文化。

青表农

2014年4月18日

源流演化——起源称谓

饕餮盛宴——饮食文化

习俗流布——佳期节俗

万民同庆——文化传承

起源称谓

每年的农历八月十五，是我国的传统节日——中秋节。这时是一年秋季的中期，所以被称为"中秋"。在我国的农历里，一年分为四季，每季又分为孟、仲、季三个部分，因而中秋也称仲秋。

八月十五的月亮比其他几个月的满月更圆，更明亮，所以又叫作"月夕""八月节"，也有"秋节""八月节""八月会""追月节""玩月节""拜月节""女儿节"或"团圆节"等称谓。

此夜，人们仰望星空如玉如盘的朗朗明月，自然会期盼与家人团聚。远在他乡的游子，也借此寄托对故乡和家人的思念之情。所以，中秋又称"团圆节"。

源于古老浪漫的嫦娥奔月

那还是在远古时期，天气异常炎热，因为天上有10个太阳，每天都烤着大地。有人说这10个太阳都是东方天帝的儿子，他们跟他们的母亲以及天帝共同住在东海的边上。

他们的母亲经常把自己的10个孩子放在世界最东边的东海洗澡，洗完澡后，让他们像小鸟那样栖息在一棵大树上。

因为每个太阳的形象中心都是只鸟，所以大树就成了他们的家，9

■ 嫦娥奔月图

个太阳栖息在长得较矮的树枝上，另一个太阳则栖息

■ 大羿射日雕塑

在树梢上。

　　每当黎明来临，大地需要晨光照耀的时候，栖息
在树梢的太阳便坐着两轮车，穿越天空，照射人间，
把光和热洒遍世界的每个角落。

　　10个太阳遵守着天地制定的规矩，每天一换，轮
流当值，秩序井然，天地万物一片和谐，人们在大地
上生活得非常幸福和睦。人和人之间像邻居、朋友那
样，生活在一起，日出而耕，日落而息，生活过得既
美满又幸福，人和动物之间也能和睦相处。

　　那时候人们感恩于太阳给他们带来了时辰、光明
和欢乐，经常面向天空磕头作揖，顶礼膜拜。可是，
这样的日子过长了，这10个太阳就觉得无聊，他们想
要一起周游天空，认为肯定很有趣。

　　于是，当黎明来临时，10个太阳就一起爬上双轮

顶礼膜拜 古代的拜礼。行礼时，两手放在额上，长时间下跪叩头。膜拜原专指佛教拜佛时的一种最高敬礼，人跪下，两手伏地，以头顶着受礼人的脚，后泛指表示极端恭敬或畏服的行礼方式。后多用"顶礼膜拜"形容对某人崇拜得五体投地。表示极其敬佩，可用来表示崇拜的程度。

车，踏上了穿越天空的征程。可是，大地上的人和万物就受不了了，10个太阳像10个大火团，他们一起放出的热量烤焦了大地，烧死了许许多多的人和动物。

在太阳的炙烤下，森林着火了，所有的树木庄稼和房屋都被烧成了灰烬。那些在大火中没有被烧死的人和动物，豕突狼奔，四下流窜，发疯似的寻找可以躲避灾难的地方和能救命的水和食物。

很快，河流也开始干枯了，大海也面临着干涸的境遇，所有的鱼类也都死光了，那些原本藏匿在水中的怪物便爬上岸偷窃食物，维持自己的生计。

就这样，随着农作物和果园的枯萎烧焦，供给人和家畜的食物来源被断绝了，人们不是被太阳的高温活活烧死就是成了野兽口中食，人间是一片凄惨的景象。人们在火海灾难中苦苦挣扎，眼看着再也无法继续生活下去了。

这时，有个年轻英俊的英雄大神叫大羿，他是个神箭手，箭法超群，可以说是百发百中。一天，他被天帝召唤去，领受了驱赶太阳的使命。

大羿领命之后看到人们生活在灾难中，心中十分不忍，便暗下决心射掉

大羿射日雕塑

那多余的9个太阳，帮助人们脱离苦海。

■ 大羿受命射日浮雕

于是，大羿不辞万苦，爬过了九十九座高山，迈过了九十九条大河，穿过了九十九个峡谷，来到了东海边，登上了一座山，山脚下就是茫茫大海。

大羿拉开了万斤力的弓弩，搭上了千斤重的利箭，满弓瞄准了天上那颗火辣辣的太阳，"嗖"的一箭射去，第一个太阳被射落了，天地间的温度降下去了很多。

紧接着，大羿又拉开弓弩，搭上利箭，"嗡"的一声射去，同时射落了两个太阳。这下，天上还有7个太阳瞪着红彤彤的眼睛看着大羿。大羿感到这些太阳仍很焦热，又狠狠地射出了第三支箭。这一次射得很有力，一下射落了4个太阳。

其他的太阳看到自己的兄弟一个个被射下来，吓得全身打颤，急的团团旋转。就这样，大羿一支接一支地把箭射向太阳，无一虚发，射掉了9个太阳。中了箭的9个太阳一个接一个地死去。

他们的羽毛纷纷落在地上，他们的光和热也一

弩 是古代的一种冷兵器，出现应不晚于商周时期，春秋时期弩成为一种常见的兵器。弩也被称作"窝弓""十字弓"。古代用来射箭的一种兵器。它是一种装有臂的弓，主要由弩臂、弩弓、弓弦和弩机等部分组成。虽然弩的装填时间比弓长很多，但是它比弓的射程更远，杀伤力更强，命中率更高，对使用者的要求也比较低，是古代一种大威力的远距离杀伤武器。

■ 嫦娥奔月图

王母娘娘 亦称为金母、瑶池金母、瑶池圣母、西王母。传说中的女神，原是掌管灾疫和刑罚的大神，后于流传过程中逐渐女性化与温和化，而成为慈祥的女神。相传王母住在昆仑仙岛，王母的瑶池蟠桃园，园里种有蟠桃，食之可长生不老。

点一点地消失了。直到最后剩下一个太阳，他怕极了，就按照大羿的吩咐，老老实实地为大地和万物继续贡献光和热。

从此，这个太阳每天从东方的海边升起，晚上到西边山上落下，温暖着人间，保持万物生存，人们安居乐业。大羿立下了汗马功劳，受到了人们的尊敬和爱戴，不少志士慕名前来投师学艺。奸诈刁钻、心术不正的逢蒙也混了进来。

不久，大羿娶了一个美丽善良的妻子，名叫嫦娥。嫦娥心地善良，时常将大羿狩猎得来的猎物分给乡邻，因此也备受人们的敬重，大家都很喜欢她。大羿每天除了传艺狩猎外，终日和妻子在一起，人们都羡慕这对郎才女貌的恩爱夫妻。

一天，大羿到昆仑山访友求道，巧遇由此经过的王母娘娘，便向王母求得一包不死药。据说，只要服下此药的一半，就可以长生不老，如果将此药全部服下，便能即刻升天成仙。

然而，大羿舍不得撇下心爱的妻子和乡亲们，独自离去。于是只好暂时把不死药交给嫦娥珍藏，嫦娥将药藏进了梳妆台的百宝匣里，不料被逢蒙看到了。

这年的八月十五，大羿带弟子们练功去了。逢蒙却中途溜回来，闯进嫦娥的住处，逼她交出不死药。

为了不让仙药落到逢蒙的手中，嫦娥迫不得已，一口将药吞进肚子。刹那间，嫦娥身轻如燕，冲出屋门直飞云天。

但嫦娥实在不愿意离开丈夫，她只好在离地面最近的月亮上面住了下来。大羿晚上回家不见妻子，急忙向人们打听，侍女们哭诉了白天发生的事。

大羿既惊又怒，抽剑去杀恶徒，逢蒙早已逃走，大羿气得捶胸顿足，悲痛欲绝，仰望着夜空呼唤嫦娥，这时他发现，今天的月亮格外皎洁明亮，而且有个晃动的身影酷似嫦娥，就好像嫦娥正在看着自己一样。

大羿心如刀绞，他拼命地朝月亮奔去，可是他追一里，月亮退一里，怎么也追不上去。在万般无奈之下，他就在门前摆下供桌，上面放上嫦娥最爱吃的各种水果，遥向月亮上的妻子祭拜。

百姓们闻知嫦娥奔月成仙的消息之后，乡亲们见大羿这样做，也都照葫画芦地纷纷在月下摆设香案，向善良的嫦娥祈求吉祥平安。

从此，在每一年的八月十五晚上，大家都会一起对着月亮祭拜，拜月的风俗就这样在民间一直被保留了下来。

大羿射日浮雕

■ 嫦娥奔月玉雕

据说嫦娥身体变轻，开始升空时，惶恐中的她想抓住点什么压下身子，慌乱之中便抱起了自己一直喂养的一只白兔。

白兔儿当然无法留住嫦娥，就随着她一起上了月亮，成为神话中一抹可爱温馨的色彩。据说玉兔在月宫有一只捣药杵，夜晚在药臼中捣制长生不老的灵药。

但是在我国的一些地区，关于嫦娥奔月的传说又有了另外的一种说法。说大羿成功射落了天上的9个太阳之后，成了为普天下所敬仰的英雄。但是大羿的丰功伟绩，却受到了其他天神的妒忌，他们到天帝那里去进献谗言，最终使天帝疏远了大羿，并把他永远贬斥到了人间。

满心委屈的大羿和妻子嫦娥只好隐居在人间，靠大羿打猎为生。根据《淮南子》的记载说，大羿觉得对不起受他连累而谪居下凡的妻子，便到西王母那里去求来了长生不死之药，好让他们夫妻二人在世间永远和谐地生活下去。

但是这样贫苦的日子生活久了，嫦娥开始厌烦了，一天她趁大羿不在家的时候，偷吃了全部的长生不死药。嫦娥由于背弃了丈夫，怕天庭诸神嘲笑，就投奔月亮女神常羲，想在月宫暂且安身。

《淮南子》又名《淮南鸿烈》《刘安子》，是我国西汉时期创作的一部论文集，由西汉皇族淮南王刘安主持撰写，故而得名。该书在继承先秦道家思想的基础上，综合了诸子百家学说中的精华部分，对后世研究秦汉时期文化起到了不可替代的作用。

可是月宫空无一人，出奇地冷清，她在漫漫长夜中咀嚼孤独、悔恨的滋味，慢慢地变成了月精白蛤蟆，在月宫中终日被罚捣不死药，过着寂寞清苦的生活。

奔月以后的嫦娥，经常回想起丈夫平日对她的好处和人世间的温情，对比月亮里的孤独，倍觉凄凉。所谓"嫦娥应悔偷灵药，碧海青天夜夜心"。

于是，嫦娥向丈夫大羿托梦倾诉自己的懊悔之心，取得大羿的原谅之后，又说："平时我没法下来，明天乃月圆之候，你用面粉作丸，团团如圆月形状，放在屋子的西北方向，然后再连续呼唤我的名字。到三更时分，我就可以回家来了。"

第二天，大羿照着妻子的吩咐去做，果然在夜半三更的时候，嫦娥由月中飞来，夫妻俩终于团圆了，中秋节做月饼供嫦娥的风俗，也是由此形成，当是世人渴望美好团圆，渴望幸福生活的情感流露。

阅读链接

关于月中玉兔捣药的故事，还有一种说法。相传在很久很久之前，有3位神仙闲来无聊，就相约变成了3个年过花甲的可怜老人，并向狐狸、猴子、兔子求食，狐狸与猴子都有食物可以济助，唯有兔子束手无策。

后来，兔子就说："你们吃我的肉吧！"

话音刚落，兔子就跃入烈火之中，将自己烧熟。神仙大受感动，把兔子送到月宫内，成了玉兔，陪伴嫦娥，并捣制长生不老药。

古时候，文人写诗作词，常常以玉兔象征月亮，像辛弃疾的《满江红·中秋》即以玉兔表示月亮。至于诸多的小说，也常常使用此等掌故以暗示月亮。在道教中，玉兔常常与金乌相对，表示金丹修炼的阴阳协调。

吴刚伐桂并传桂子于人间

当人们在八月十五这天，抬头仰望天空中那轮皎洁的明月的时候，可以看见在那轮皓月中有些影影绰绰的黑影，人们都说，这是吴刚在伐桂呢！

传说中说在月亮中有一颗高达500丈的桂树，这株桂树不仅高大，而且有一种神奇的自愈功能。

吴刚本为樵夫，醉心于仙道，但始终不肯专心学习。因此惹得天帝极为震怒，就把他打入月宫，令他在月宫砍伐桂树，并严厉地对他说："如果你砍倒桂树，就可以获得你想要的仙术。"

吴刚每砍一斧，树的创伤就会马上愈合，

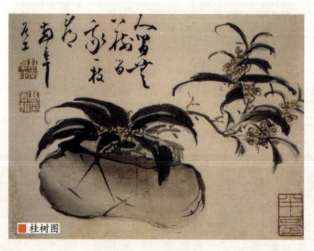

桂树图

日复一日，吴刚一直在砍伐桂树，但是他的愿望一直也没有实现。因此，吴刚只好常年留在月宫中砍伐桂树，但始终都砍不倒这棵树，吴刚只好周而复始，一天天地不断地砍。

很快，千万年过去了，那棵神奇的桂树依然如旧，生机勃勃，甚至完好无损，吴刚始终也没有将这颗桂树砍倒。每到农历的八月十五这天，桂树就会散发出一种奇异的馨香，芬芳浓郁，溢满整个月亮。

后来，吴刚知道人间还没有这种桂树，就心想着把桂树的种子传到人间。于是，吴刚开始在人间寻觅可以放心种植这种桂树的地方。

此时，在杭州风光旖旎的两项山下住着一个卖山葡萄的寡妇，她为人豪爽善良，酿出的酒，味醇甘美，回味无穷。人们尊敬她，就将她称为仙酒娘子。

有一年冬天，天气异常寒冷，冰封雪冻，白雪皑皑。一天清晨，天刚蒙蒙亮，仙酒娘子刚打开大门，就看见门外躺着一个骨瘦如柴、衣不遮体的中年男子，看样子是个乞丐。

仙酒娘子摸摸那人的鼻口，还有点气息，于是他就慈心大发，也不管别人会怎么议论她，就毅然地将

■ 桂树图

农历 我国长期采用的一种传统历法，它以朔望的周期来定月，用置闰的办法使年平均长度接近太阳回归年，因这种历法安排了二十四节气以指导农业生产活动，故称农历，又叫中历、夏历，俗称阴历。

他背回自己家里，先灌热汤，又喂了半杯酒。

那中年男子这才慢慢苏醒了过来，得知是仙酒娘子救了自己，就激动地说："谢谢娘子的救命之恩，可是你也看到了，我是一个身体瘫痪的残疾人，出去后不是冻死也得饿死，你就再收留我几天吧！"

仙酒娘子这下为难了，因为常言道，寡妇门前是非多，像这样地把汉子留在自己家中住下来，别人会说很多闲话的。可是再转念想想，总不能眼睁睁地看着他活活冻死和饿死在街头呀！于是，仙酒娘子便点头答应，留他在家中暂住了下来。

事情果然不出仙酒娘子所料，关于仙酒娘子的闲话就很快传开了。大家开始疏远她，到酒店来买酒的人们也一天比一天少。仙酒娘子虽然心中难受，但是她还是忍着痛苦，尽心尽力照顾那汉子。

后来，人家都不来仙酒娘子这里买酒了，酒店没有了收入，她实在是无法维持下去了，在她的细心照料下，那汉子也很快脸色红润了起来，可是就在这个时候，那汉子却不辞而别，不知所往了。

仙酒娘子放心不下，就到处去寻找这个汉子。在一个荒凉的山

花好月圆
中秋节俗与赏月之风

坡，她遇到了一位白发苍苍的老人，肩上挑着一担干柴，吃力地向前走着。仙酒娘子正想前去帮忙，那老人突然跌倒，干柴散落满地。

老人跌倒在地上，闭着双目，表情十分痛苦，他颤颤巍巍地蠕动着自己的嘴唇，喃喃地说要水。

可是这荒山坡地的，哪来的水呢？仙酒娘子找遍了附近

■ 仙酒娘子图

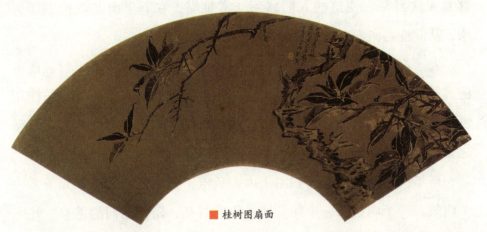

■ 桂树图扇面

的山峦，都没有看到一丁点水，看着危在旦夕的老人，仙酒娘子毅然而然地咬破自己的中指，霎时间，鲜红的血液汩汩地冒了出来，仙酒娘子将自己的手指伸到老人嘴边，但老人却忽然不见了，自己冒着鲜血的中指竟然也奇迹般的痊愈了，甚至看不出曾经咬过的痕迹。

这时候，吹起一阵清风，天上飞来了一个黄布袋，慢慢地落在了仙酒娘子的手中，仙酒娘子疑惑地将黄布袋打开，只见袋中贮满了许许多多小黄纸包，另有一张黄纸条，上面写着：

月宫赐桂子，奖赏善人家。

福高桂树碧，寿高满树花。

采花酿桂酒，先送爹和妈。

吴刚助善者，降灾奸诈滑。

仙酒娘子这才明白，原来这瘫汉和担柴的老人，都是吴刚变的。这个事情后来被一传十，十传百，远近的人们知道这件事情之后，都来索要桂子了。

但是，善良的人把桂子种下，便会很快长出桂树，开出桂花，满院香甜，无限风光。而那些心术不正的人，种下的桂子不是不生根，就是无法发芽，使这些人们感到非常难堪，在邻里面前也抬不起头来，从此洗心向善。

大家都很感激仙酒娘子，因为是她的善行感动了月宫里管理桂树的吴刚大仙，最终才把桂子洒向了人间，从此人间才有了桂花与桂花酒。于是，人们开始在八月十五桂香最浓郁的这天，摆案向远在月亮之上的吴刚进行祭拜。

当年，吴刚的妻子缘妇由于内心负疚，便叫自己的三个儿子，一个叫鼓、一个叫延、一个叫殳斨，飞往月亮，陪伴他们的爸爸，好度过那漫长无尽的清冷岁月。最后，吴刚的三个儿子，其中叫鼓的变成了蟾蜍，叫延的变成了小兔，叫殳斨的变成了"不详"。

从此，殳斨开始制作箭靶，鼓、延开始制造钟、磬，制定作乐曲的章法。所以，寂寞的广寒宫时常仙乐飘飘，令人神往，这也成了人们在八月十五这天望月过程中的最大希冀，人们都希望可以一闻这月亮的天籁呢！

阅读链接

吴刚伐桂还有一种说法，相传南天门的吴刚和月亮里的嫦娥很要好，但他经常挂念与嫦娥相会，而疏于职守。

玉皇大帝知道后，一气之下，就罚吴刚到月亮里去砍一棵叫月桂的大树，如果吴刚不砍光这棵月亮树，便不能重返南天门，亦不能与嫦娥相会。

吴刚砍啊，砍啊，从冬天砍到夏天，足足砍了半年，眼看快要将树砍倒了，可是每当树就要倒下的时候，一只乌鸦就会站在树上哇哇大叫，吴刚只要停下斧头，望它一眼，大树便会重新长出枝叶。

这样，年复一年，吴刚总是砍不倒这棵月亮树。而只有在每年中秋节那天，才有一片树叶从月亮上掉落地面上。要是谁拾获这片月桂树的叶子，谁就能得到用不完的金银珠宝。

对月崇拜及拜土地的说法

到了周代的时候，祭月已经成了一种民间传统。祭月的时候，要求月亮是圆满明亮的，而农历八月十五这天秋高气爽，从月圆明亮程度看，是一年中望月的最佳时间，此时又恰逢农闲，于是这天就成了祭月和赏月的最佳日子。

中秋赏月图

■ 古人祭祀祈福蜡像

在周公记述西周政治制度之书的《周礼》中就已经有"中秋夜迎寒"的记载。

在研究古代社会情况、典章制度和儒家思想的重要典章制度书籍《礼记》中载有：

> 天子春朝日，秋夕月。朝日以朝，夕月以夕。

这里的"夕月"就是拜月的意思。

据史书记载，太阳和月亮几乎是所有原始民族都要进行祭祀的一种古老崇拜。在古代曾有这样的认识，日为众神之主。所以在原始的神话中，就有很多以太阳为中心内容的故事。如羲和生日、浴日、驭日、羿射九日、夸父逐日等，都直接反映了当时人们对太阳无限的崇拜心理。

《礼记》 我国古代一部重要的典章制度书籍，儒家经典之一。该书编者是西汉礼学家戴德和他的侄子戴圣。戴德选编的85篇本叫《大戴礼记》，在后来的流传过程中若断若续，到唐代只剩下了39篇。在唐代被列为"九经"之一，到宋代被列入"十三经"之中，为士者必读之书。

在周朝时，帝王就有春分祭日、夏至祭地、秋分祭月和冬至祭天的习俗。

汉民族自上古以来便一直有敬天礼地的习俗，月神崇拜古已有之。在原始神话中，有把日神羲和当作月神的传说。由于嫦娥奔月神话的广泛流传，嫦娥便成了月神。

在一部极富有神话传说的古老的奇书《山海经·大荒西经》中就记载有：

有女子方浴月，帝俊妻常羲，生月十有二，此始浴之。

上古时代的月神信仰在殷、周时代似乎出现了两种发展方向，一是在民间自然发展演变，一是上升为天子礼天的礼制组成部分。

周礼是因俗制礼，天子礼月显然是建立在华夏月神信仰的基础之上。由此，天子的礼月才能获得足够的信仰合法性，礼月才能成为巩固统治政权的有效的政治仪式和文化制度。

在皇家看来，祭月重在礼敬夜明之神，并以示悌。其实祭祀在秋分日有月无月、月圆月缺并不重要，秋分是阴气向上长的时刻，避开此时而追求圆月之祭，是对月神的不诚不敬。所以，哪怕是秋分日下雨了，也是要祭祀拜月的。

于是，每逢中秋夜的时候，都会举行迎寒和祭月的活动，人

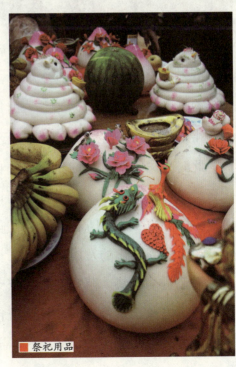

■ 祭祀用品

民间祭祀物品

们设上大香案，摆上月饼、西瓜、苹果、红枣、李子、葡萄等祭品，其中月饼和西瓜是绝对不能少的。

西瓜还要切成莲花状。在月下，将月亮神像放在月亮的那个方向，红烛高燃，全家人依次拜祭月亮，然后由当家主妇切开团圆月饼。切的人预先算好全家共有多少人，在家的，在外地的，都要算在一起，不能切多也不能切少，大小要一样。

古代祭祀的场所，称为日坛、天坛、月坛、地坛，分设在东、南、西、北4个方向。后来，严肃的祭祀变成了轻松的欢娱，并在民间有了大幅度的普及。

中秋赏月活动约开始于魏晋时期，但未成习。在晋代，就有谢尚镇守牛渚，中秋夜与左右属僚驾舟泛江，赏月吟诗的记载。

此时，民间对月神的崇拜仍然在缓慢发展，而统治阶层重在向月示敬，游赏是可有可无的事情。所以，直到南北朝时，以"祭月和游赏"为标志的中秋节仍未在华夏大地上全面成形。

在汉民族文化的发展历史上，礼仪和风俗的演变在诸多领域皆呈现礼退俗进的趋势。隋唐时代的繁荣，逐渐激发了民间在仲秋祭月时节的玩赏之风，赏月之风和民间流传的祭月风俗逐渐合流，由于民间信仰表达的相对灵活性，人们并不需要刻意追求在秋分日祭月。

所以，最接近秋分点的一个满月日，就成了这一秋月祭赏之节最佳的选择，而这一天就是夏历的八月十五，也因为这天是秋天的最中间一天，所以人们逐渐将这天称作"中秋节"。

中秋之时，正值农业丰收季节。收新谷、酬神农、庆丰收、祭土地、敬神明，也是中秋的一大特色。

远古人感谢土地赐给人们衣食，所以每逢中秋，农民将稻谷堆成圆圆的谷堆，上面用烧过的稻草灰写上"五谷丰登""年年有余"等吉祥话，祈盼来年丰收。

有的地方在中午祭神祭祖，晚上过中秋。台湾有的地方傍晚以牛、羊、猪三牲以及润饼，祭谢土地神。有的地方还祭潮神和观潮水，以求航运平安。于是，在关于中秋节的起源中又加入了拜土地神的说法。

后来，在八月十五中秋这天，一些待嫁的女孩子就会扮成嫦娥的

祭祀用的三牲

样子登台，然后把绣有各种花朵的手帕抛向台下，拾到者如是未婚的男子，将手帕还给姑娘，双方若有意，则再以一定的物件相赠定情。

八月十五这天，逐渐成为古代男女踏歌觅偶，追求爱情的良机。在我国的一些少数民族地区，中秋节的月夜还有"跳月""闹月"和"行月"等习俗，大多都与寻偶有关。

在我国因为八月十五的月亮比其他几个月的满月更圆，更明亮，所以又叫作"月夕""八月节"。

在这天夜里，人们在仰望天空如玉如盘的朗朗明月的时候，总会自然而然地想起自己的家人，期盼家人团聚的心绪尤为急切。远在他乡的游子，也借此来寄托自己对故乡和亲人的思念之情。所以，中秋被人们形象地称为"团圆节"。

到东晋时期，在我国的南方地区又逐渐出现了关于中秋节起源的另外一种说法，称为"牛渚玩月"，一度被传为赏月的佳话，并逐渐演化为中秋佳节。

牛渚在汉时就属于丹阳郡秣陵的管辖范围，1600多年前东晋在南京建

袁宏（约328—约376），东晋著名文学家和史学家。陈郡阳夏人，初入仕途，谢尚引为参军。袁宏文笔典雅，才思敏捷，后为大司马桓温府记室。桓温卒后，入为吏部郎，授东阳太守。太元初去世，留有《后汉纪》30卷。

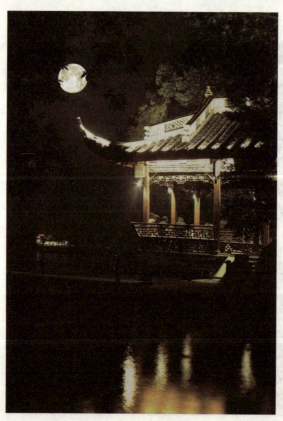

■ 中秋赏月图

花好月圆

中秋节俗与赏月之风

都，镇守牛渚的大臣谢尚在月夜泛舟牛渚江上，听到有人在船上讽诵自己的《咏史》诗，大为赞赏，于是邀请过船，此人即是袁宏。

他们一见如故，吟诗畅叙直达天明。当时谢尚身为镇西将军，而袁宏是个穷书生，由于对才能的尊重，他们之间打破了身份地位的壁障。袁宏因受到谢尚的赞誉，从此名声大振。此后文人雅士亦趋之，于是泛舟、登楼玩月者连绵不绝。

■ 泛舟赏月图

到了唐代，李白游抵金陵闻知此事，即赋诗道：

昔闻牛渚咏五章，今来何谢袁家郎？

在无限感慨的同时，登城西的孙楚酒楼"玩月达曙"。又因为八月十五时届三秋之中，气温已凉未寒，天高气爽，月朗中天，为玩月最佳的时令，人们多爱此时玩月，逐渐演变为节令，这就是中秋节。

但是关于月亮，在当时还有一个非常有趣的说法，成为中秋佳节人们相互诉说的一个故事。

李白（701—762），字太白，号青莲居士，唐朝浪漫主义诗人，被后人誉为"诗仙"。祖籍陇西成纪，出生于西域碎叶城，他存世诗文千余篇，有《李太白集》传世。他的乐府、歌行及绝句成就是最高的。

■ 古人祭拜祈福

目犍连 也称"大目犍连"，又译作目犍莲，没特伽罗。简称为"目连""目莲"。本名拘律陀佛陀，佛陀十大弟子之一，有"神通第一"的称号。目犍连弘扬佛法遭到外道的嫉妒，在一次弘法经行中，死于裸形外道的暗杀。他是佛教历史上第一个为了传播佛法流血殉教人。

相传在很久以前，有一位名叫"目犍连"的公子。目犍连生性好佛，为人心地善良，对母亲十分孝顺。但是，目犍连的母亲，身为娘娘，却生性暴戾，为人好恶，总是干一些让人愤怒的事情，人们都很厌恶他。

有一次，目犍连的母亲忽然心血来潮，想出了一个异常恶毒的主意，和尚念佛吃素不是天经地义的吗，我就偏偏要作弄他们一下，让和尚们开荤吃狗肉！一想到这个，目犍连的母亲就一阵心欢。

于是，她吩咐人们做了360只狗肉馒头，并对外宣称这些都是正宗的素馒头，是专门为寺院的和尚们准备的斋饭，并派人立马去寺院里面施斋。

目犍连知道了这件事，就急匆匆地跑到母亲面前，极力劝说母亲放弃做这件事情。

但是，正在兴头上的母亲哪能听得进去呢，并狠狠斥责了目犍连。无奈之下，目犍连忙叫人去通知了寺院方丈。方丈得知这件事之后，就准备了360个素馒头，藏在每个和尚袈裟袖子里。

刚准备完，目犍连母亲派来的施斋队伍就到了，发给每个和尚一个狗肉馒头，和尚们不动声色地接了过来。在饭前念佛时，和尚们偷偷用袖子里的素馒头将狗肉馒头调换了一下，然后吃了下去。

目犍连的母亲见和尚们个个吃了她的馒头，高兴得"嘿嘿"拍手大笑说："今日和尚开荤啦！和尚吃狗肉馒头啦！"

方丈双手合十，连声念道："阿弥陀佛，罪过，罪过！"事后，将360个狗肉馒头，在寺院后面用土埋了。

这件事情不知道怎么被天上的玉帝知道了，十分震怒，就将目犍连的母亲打下十八层地狱，并变成了一只恶狗，让她永世不得超生。

目犍连是个孝子，得知母亲被玉帝打入地狱之后，非常着急。他日夜修炼，后来因其"安忍不动如大地，静虑深密如秘藏"，终于成了地藏菩萨。

牛皮画天狗

爆竹 最早的爆竹，是指燃竹而爆，因竹子焚烧发出"噼噼叭叭"的响声，故称为爆竹。古时候在节日或喜庆日，用火烧竹，"噼叭"发声，以驱除山鬼和瘟神，谓之"爆竹"。火药发明后以多层纸密卷火药，接以引线后，燃之使爆炸发声，亦称为"爆竹"。放鞭炮在我国有两千多年的历史了。

为将自己母亲拯救出来，他用锡杖打开地狱门。这一下，目犍连的母亲和关押在地狱里面的恶鬼全部都逃了出来，并投生凡间作乱。

玉帝得知后大怒，令目犍连下凡投身为黄巢。后来"黄巢杀人八百万"，传说就是来收这批从地狱逃出来的恶鬼。目犍连母亲变成的恶狗，逃出地狱后，十分痛恨玉帝，就窜到天庭去找玉帝算账。

她在天上找不到玉帝，就去追赶太阳和月亮，想将它们吞吃了，让天上和人间都变成一片黑暗的世界，以解自己的心头之恨。这只恶狗没日没夜地追呀追！她追到月亮，就张开大嘴狠狠地撕下一片，追到太阳，也将太阳咬上一口。

天地一时间人心惶惶，不过人们慢慢地发现，目犍连母亲变成的恶狗最怕锣鼓和燃放爆竹，只要敲起锣鼓和燃起爆竹，就会浑身打战，被吞下去的太阳和

■ 燃放爆竹雕塑

月亮又只好吐了出来。

太阳、月亮获救后，又日月齐辉，重新运行了起来。目犍连母亲变成的恶狗不甘心，又追赶了上去，这样一次又一次就形成了天上的日食和月食。民间就叫"天狗吃太阳""天狗吃月亮"。

直到现在，尤其是在中秋佳节月亮特别圆的时候，不少地方还流传着敲锣击鼓、燃放爆竹来赶跑天狗的习惯，为的就是留下这轮皎洁的月亮。

张仙射天狗年画

阅读链接

中秋节是由传统的"祭月节"发展而来的。在中秋月出时开始祭祀，祭后分胙、饮宴、赏月。

华夏祭礼讲究"祭如在、祭神如神在"，中秋祭月关键是向月神示敬，天气因素不是关键。中秋无月甚至下雨，都可以祭月。凡是月光能照射之处，都可以举行，如遇阴天，可以向月亮的方位摆放祭桌。

壮族"祭月请神"的活动在每年的农历八月中旬举行，有的就在中秋夜，人们在村头村尾露天处，设一供桌，供放祭品和香炉，桌子右边树一高约一尺的树枝或竹枝，象征社树，亦作月神下凡与上天的梯子，这里保存了古老的月亮神话因素。

整个活动分为：请月神下凡，由一名或两名妇女作为月神的代言人；神人对歌；月神卜卦算命；唱送神咒歌，送月神回天4个阶段。

玄宗游月宫并大力推广

　　相传到了718年唐代的时候，有一年唐玄宗李隆基与申天师及道士鸿都在中秋望月，玄宗突然兴起，有了游月宫的念头。

　　于是天师作法，三人一起步上青云，漫游月宫。在玉光玲珑的月亮中，突然看见一座飞浮着的宫殿，宫殿前榜书"广寒清虚之府"。宫前有守门兵卫，三人皆不能进入，唐玄宗感觉十分遗憾。

■ 唐王游月宫扇面

接着，天师又带着唐玄宗跃身到云端烟雾中，透过云头，俯瞰长安皇城。正观望之时，闻到一股沁人的浓郁清香飘来，长空下视如万顷玻璃琼田，一片透明。仙人道士，有的乘云，有的驾鹤，冉冉飘来，在空中往来游戏，好不热闹。

又听到仙乐阵阵，清丽奇绝，唐玄宗素来熟通音律，听得音律，默记心中，正是"此曲只应天上有，人间哪得几回闻！"

正在唐玄宗入迷如痴之时，申天师却请归宫。三人如旋风一般降落人间。唐玄宗回忆月宫仙娥的音乐歌舞，自己又谱曲编舞，这便是历史上有名的《霓裳羽衣舞曲》。

《霓裳羽衣舞曲》描写唐玄宗向往神仙而去月宫见到仙女的神话，其舞、其乐、其服饰都着力描绘虚无缥缈的仙境和舞姿婆娑的仙女形象，给人以身临其境的艺术感受。

白居易有《霓裳羽衣歌》诗，对此曲的结构和舞姿作了细致的描绘，分散序、中序和曲破3部分，融

李隆基（685—762），亦称唐明皇，在位前期注意拨乱反正，任用姚崇、宋璟等贤相，励精图治，他的开元盛世是唐朝的极盛之世，在位后期急慢朝政，导致了后来长达八年的安史之乱，为唐朝中衰埋下伏笔。756年李亨即位，尊其为太上皇，762年病逝。

■ 祭祀供台

歌、舞、器乐演奏为一体。全曲共36段，表现了我国道教的神仙故事。

《霓裳羽衣舞曲》在唐宫廷中备受青睐，在盛唐时期的音乐舞蹈中占有重要的地位。玄宗亲自教梨园弟子演奏，由宫女歌唱，用女艺人30人，每次10人。

《霓裳羽衣舞曲》表明唐代大曲已有了庞大而多变的曲体，其艺术表现力显示了唐代宫廷音乐所取得的巨大成就。其乐队通过白居易的《霓裳羽衣歌》可看出《霓裳羽衣舞曲》伴奏采用了磬、筝、箫、笛、箜篌、觱篥、笙等金石丝竹，乐声"跳珠撼玉"般令人陶醉。

后来，经过李隆基的大力提倡和推广，中秋赏月逐渐成了普天之下一种共同的习俗，在《明皇杂录》《天宝遗事》中就记载了许多唐明皇赏月的轶事。说有一年的中秋，唐明皇请在宫廷内值夜的学士们饮酒赏月，侍从在宴前陈设灯烛。

唐明皇说："清明的月光这么可爱，何必再用灯烛呢？"遂命人撤去灯烛，君臣们在月光下饮酒赋诗，好不畅快！

其实，中秋赏月的习俗在两汉时已具雏形，到了唐代，中秋赏月之俗开始进入了盛行阶段，曾经一度

筝 筝是一种多弦多柱的弹拨乐器。它的外形近似于长箱形，中间稍微突起，底板呈平面或近似于平面。又称古筝、秦筝，是一种我国传统弹弦乐器，深深地植根于我国民间音乐文化，有着悠久的历史。古筝音域宽广，音色清亮，表现力丰富，一直深受大众喜爱。筝是我国古老的弹拨乐器之一，流传至今已有两千多年的历史，故被俗称为"古筝"。

被人们称为"端正月"，后来被定为中秋节，当时的国子监四门助教欧阳詹在《长安玩月诗序》中说：

八月于秋。季始孟终；十五于夜，又月云中。稽于天道，则寒暑均，取于月数，则蟾魂圆，故曰中秋。

唐代政局稳定，文化、政治等方面都有辉煌的成就，是当时最强大的一个国家。在这期间涌现出了很多杰出的诗人，这些骚人墨客们纷纷吟咏月亮及月中之事，八月十五月圆时成为抒发感情的极佳时刻。

我国人历来讲孝道、重人伦，尤其是讲究家族血缘关系。人们把圆满的月光，引申为家族美满团圆的

箜篌 一种十分古老的弹弦乐器，最初称"坎侯"或"空侯"，在古代除宫廷雅乐使用外，在民间也广泛流传，在古代有卧箜篌、竖箜篌、凤首箜篌三种形制。后来不再流行，以致慢慢消失，只能在以前的壁画和浮雕上看到一些箜篌的图样。

■ 中秋宴饮图

李朴 字先之，虔
州兴国迳口人，
登绍圣元年进士
及第。因直言隆
佑太后不当废处
瑶华宫事而被停
职。著有《章贡
集》20卷，《千
家诗》中辑有其
诗作，其生平载
入《宋史·李朴
传》中。

象征。中秋之夜思亲就成为诗咏的主题，圆净光辉的月亮，被多愁善感的诗人写入数不尽的诗篇中。

如唐代诗人李朴的《中秋》：

> 皓魄当空宝镜升，云间仙籁寂无声。
> 平分秋色一轮满，长伴云衢千里明。
> 狡兔空从弦外落，妖蟆休向眼前生。
> 灵槎拟约同携手，更待银河彻底清。

还有唐代刘禹锡的《八月十五日夜玩月》：

> 天将今夜月，一遍洗寰瀛。
> 暑退九霄净，秋澄万景清。
> 星辰让光彩，风露发晶英。
> 能变人间世，倏然是玉京。

刘禹锡还作有《八月十五夜桃源玩月》：

> 尘中见月心亦闲，
> 况是清秋仙府间。
> 凝光悠悠寒露坠，
> 此时立在最高山。
> 碧虚无云风不起，
> 山上长松山下水。
> 群动悠然一顾中，

■《月下吹箫图》

天高地平千万里。

少君引我升玉坛，

礼空遥请真仙官。

云拼欲下星斗动，

天乐一声肌骨寒。

金霞昕昕渐东上，

轮欹影促犹频望。

绝景良时难再并，

他年此日应惆怅。

■ 赏月图

唐代诗人白居易《八月十五日夜湓亭望月》写道：

昔年八月十五夜，曲江池畔杏园边。

今年八月十五夜，湓浦沙头水馆前。

西北望乡何处是，东南见月几回圆。

昨风一吹无人会，今夜清光似往年。

唐代诗人皮日休《天竺寺八月十五日夜桂子》，充满了美妙的想象：

玉颗珊珊下月轮，殿前拾得露华新。

至今不会天中事，应是嫦娥掷与人。

唐代大诗人李白所作的《古朗月行》，将神话传

刘禹锡（772年—842年），字梦得，晚年自号庐山人，河南洛阳人。唐代诗人、文学家和哲学家。刘禹锡的诗，无论短章长篇，大都简洁明快，风情俊爽，有一种哲人的睿智和诗人的挚情渗透其中，极富艺术张力和雄直气势。

说赋予诗中，意丰蕴满：

小时不识月，呼作白玉盘。
又疑瑶台镜，飞在青云端。
仙人垂两足，桂树何团团。
白兔捣药成，问言与谁餐？
蟾蜍蚀圆影，大明夜已残。
羿昔落九乌，天人清且安。
阴精此沦惑，去去不足观。
忧来其如何，凄怆摧心肝。

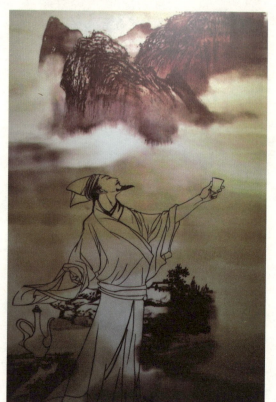

■ 李白举杯邀明月图

花好月圆

中秋节俗与赏月之风

科举考试 隋唐至清代的封建王朝分科考选文武官吏及后备人员的制度。隋朝以前，采用的是世袭制和九品中正制选拔官员，这些制度导致出身寒门的普通人无法步入仕途，隋朝开始改为科举制，使得任何参加者都有成为官吏的机会。

中秋之夜，明月当空，清辉洒满大地。文人骚客们将月圆当作团圆象征，把八月十五作为亲人团聚的日子，将自己思绪寄托在一首首诗歌当中，以托衬自己对家人的思念，这也成为人们历来重视中秋节的一个主要因素。

中秋节成为一年之中重大节日，与科举考试也有着极其微妙的关系。

在我国长期封建社会里，开科取士，一直是统治者十分重视的一件大事。而三年一次秋闱大比，恰好安排在八月里举行。凡本省科举生员与监生均可应考。主持乡试有主考两人，同考4人，提调1人，其他官员若干人。

考试分三场，分别于八月初九、十二和十五进行。乡试考中的称举人，俗称孝廉，第一名称解元。

唐伯虎乡试第一，故称唐解元。乡试中举叫乙榜，又叫乙科。放榜之时，正值桂花飘香，故又称桂榜。放榜后，由巡抚主持鹿鸣宴。席间唱《鹿鸣》诗，跳魁星舞。

在《洛中见闻》曾记载中秋节新科进士曲江宴时，唐僖宗令人送月饼赏赐进士。

胜景与激情结合在一起，人们便将应试高中者，誉为月中折桂之人。这也成为中秋节的来源之一。

监生 国子监学生的简称。国子监是明清两代的最高学府，照规定必须贡生或荫生才有资格入监读书，所谓荫生即依靠父祖的官位而取得入监的官僚子弟，此种荫生亦称荫监。监生也可以用钱捐到的，这种监生，通称例监，亦称捐监。

阅读链接

早在魏晋时期，中秋就有赏月之习。此后，记载中秋赏月的诗文层出不穷，并有了吴彩鸾会文箫等优美的神话，为中秋之月增添了许多迷人的色彩。

唐裴铏的《传奇·文箫》里说吴彩鸾隐居在成都附近西山，是三国时吴西安令吴猛之女。时有得道之士丁义曾授吴猛以道法。彩鸾师事于丁义之女秀英，道法亦深。有金陵文箫，寄寓于洪州之帷观。

八月十五为许真君上升之日，该观士女云集，连袂踏歌，谓之"酬愿"。文箫忽见一姝，美艳非常，即吴彩鸾。其所踏歌，含以文箫名姓，且有神仙之语，文箫觉得很是奇异，便尾随其后。

入松林，所居如官府，侍卫环列，文箫再三问其故，彩鸾说："此不可轻泄，吾当为子受祸矣。"

言后片刻，果然有黄衣使者降临告曰："吴彩鸾为私欲泄天机，谪为民妻一纪！"

彩鸾遂与文箫结为连理。其后俱乘虎入于越王山中，道成升天，后人誉为"神仙眷属"。

中秋被正式定名为节日

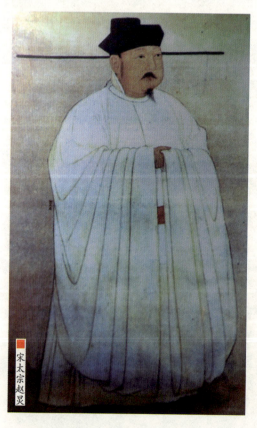

宋太宗赵炅

　　尽管关于中秋节的起源有很多，但是正式明文规定中秋节为节日是在北宋太宗年间。当时，宋太宗赵炅在京城开封正式定八月十五为中秋节，取意于三秋的正中，届时万民同庆，举国同喜。

　　中秋节成为正式的节日，又与北宋京城开封举行的科举考试有关。当时，北宋非常重视开科取士，三年一次秋闱大考恰好安排在农历八月举行。

　　于是，佳节和桂冠结合在一起，人们就把应试高中者誉为月中折桂之人。每到中秋，就进行隆重的庆贺，成为全国的重要风俗，经朝历代，盛行不衰。

所以从北宋开始，中秋节逐渐成为和春节、端午并列的三大节日之一。在《宋史·太宗纪》中说：

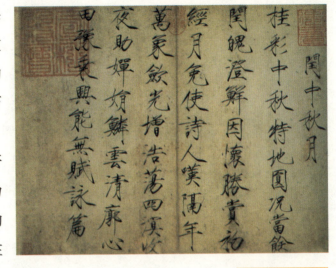

■ 北宋赵佶《闰中秋月诗帖》

以八月十五为中秋节。

从此，中秋节开始作为正式的节日，最先在开封盛行开来，接着风行全国。

北宋时，中秋节之际，开封有许多习俗，《东京梦华录》中记载说：

中秋夜，贵族结饰台榭，民间争占酒楼玩月。

当时的开封，中秋节之夜，月亮一升起来，人们以爬山登楼先睹明月为快。然后，家家户户开始祭月，供品有月饼、瓜果、鸡冠花等，以月饼为主。当夜，开封满城的人家，不论穷富老小，都要焚香拜月，说出心愿，祈求月亮神的保佑。

端午节 为每年农历五月初五，又称端阳节、午日节、五月节等。端午节起源于我国，最初是人们以祛病防疫的节日，后来传说爱国诗人屈原在这一天死去，也同时成了人们纪念屈原的传统节日，以围绕才华横溢、遗世独立的楚国大夫屈原而展开，传播至华夏各地，民俗文化共享，屈原之名人尽皆知，追怀华夏民族的高洁情怀。

■ 祭祀祈福

花好月圆

中秋节俗与赏月之风

蟾宫 早在战国时代，古人就传说月中有蟾蜍。屈原在《天问》中说："夜光何德，死则又育？厥利惟何，而顾菟在腹？"因为月宫中有蟾，所以人们俗称月宫为"蟾宫"。蟾宫即广寒宫，是神话景观，是上界神仙为嫦娥在月亮上建造的一座宫殿。因为这座宫殿是一个具有宇宙灵性的蟾蜍幻化而成，所以广寒宫又称作蟾宫。

宋代京师的中秋之夜，倾城人家，无论贫富，从能行走的孩童至十二三岁的少年，都要穿上成人的服饰，登楼或于庭中，焚香拜月，各有所期。

男孩儿期望"早步蟾宫，高攀仙桂"，意思是说请月神保佑，早日科举成名。月中嫦娥以美貌著称，故少女拜，愿"貌似嫦娥，面如皓月"。

祭月后，人们开始吃月饼、赏月。在《燕京岁时记·月饼》中说，上供的月饼，到处皆有，大者尺余，上面绘有月宫蟾蜍之形，有的祭月完毕而食之。这就是宋代中秋节吃月饼的习俗，这种习俗一直沿袭了下来。

当天，街道上的大小酒家都要重新装点一番店面，用绸缎搭建彩楼，花团锦簇，挑出醉仙酒旗，开始卖新酒。人们纷纷来到酒家痛饮，到中秋节下午，酒都卖光了，酒家便扯下酒旗。

这个时节，正是螃蟹刚刚上市，还有楹桲、梨、枣、栗、葡萄和橙子等一些新鲜果品。中秋夜，富贵人家在装饰华美的台榭赏月，一般人家则赶去酒楼占好位子。四下音乐声鼎沸，离皇宫近的居民，夜深还能听到远远传来笙竽之声，宛若云外。平民街巷里，儿童嬉戏通宵，热热闹闹的夜市，一直开到天亮。

而在北宋的皇宫里，则是吃的宫饼，民间吃的是小饼、月团。这些中秋节特制的饼类，又被称为"荷叶""金花""芙蓉"等，制作方法非常精巧，这是月饼的前身。

北宋大文豪苏东坡有诗称赞说："小饼如嚼月，中有酥与饴。"

酥是油酥，饴就是糖，其味道甜脆香美，便可想而知了。

后来，人们制作月饼不仅讲究味道，而且还设计了各种各样与月宫传说有关的图案。饼面上的图案，起初先画在纸上，再粘贴在饼面上。后来，直接用模子压制在月饼上。

对宋人来说，中秋是世俗欢愉的节日。宋代的中秋夜是不眠之夜，夜市通宵营业，玩月游人，达旦不绝。这个时候，更少不了文人墨客的诗词。

苏东坡（1037年—1101年），北宋书画家、文学家、美食家，是豪放派词人的主要代表之一。在政治上属于旧党，但也有改革弊政的要求。其文汪洋恣肆，明白畅达，其诗题材广泛，内容丰富，存诗3900余首。著有《苏东坡全集》和《东坡乐府》等。

■ 中秋月饼

■ 苏轼画像

宋代米芾在《中秋登楼望月》中写道:

目穷淮海满如银,
万道虹光育蚌珍。
天上若无修月户,
桂枝撑损向西轮。

宋代诗人苏轼的《水调歌头》:

明月几时有?把酒问青天。不知天上宫阙,今夕是何年?我欲乘风归去,又恐琼楼玉宇,高处不胜寒!起舞弄清影,何似在人间?

转朱阁,低绮户,照无眠。不应有恨,何事长向别时圆?人有悲欢离合,月有阴晴圆缺,此事古难全。但愿人长久,千里共婵娟。

这首《水调歌头》,是苏轼在丙辰年中秋,欢饮达旦,大醉之后所作。其中表达了苏轼对弟弟子由的思念之情。

此外,苏轼在《中秋月》中慨叹:"暮云收尽溢清寒,银汉无声转玉盘,此生此夜不长好,明月明年何处看。"

米芾(1051—1107),北宋书法家、画家,书画理论家。天资高迈、人物萧散,好洁成癖。被服效唐人,多蓄奇石。世号米颠,书画自成一家。能画枯木竹石,时出新意,又能画山水,创为水墨云山墨戏,烟云掩映,平淡天真。善诗,工书法,精鉴别。擅篆、隶、楷、行、草等书体,长于临摹古人书法,宋四家之一。

宋代词人辛弃疾的《太常引》，表达了其中秋之夜的情愁：

> 一轮秋影转金波，飞镜又重磨。把酒问姮娥：被白发欺人奈何！乘风好去，长空万里，直下看山河。斫去桂婆娑。人道是清光更多。

宋代女词人李清照的《一剪梅》，其中中秋之夜的相思滋味甚是凄苦：

> 红藕香残玉簟秋。轻解罗裳，独上兰舟。云中谁寄锦书来？雁字回时，月满西楼。

源流演化

起源称谓

《水调歌头》
词牌名，又名"元会曲""凯歌""台城游"等。上下阕，95字，平韵。相传隋炀帝开汴河时曾制《水调歌》，唐人演为大曲。大曲有散序、中序、入破三部分，"歌头"当为中序的第一章。双调94字至97字，前后片各四平韵。

■ 月饼酥

花自飘零水自流。一种相思，两处闲愁。此情无计可消除，才下眉头，却上心头。

此外，台湾也有对中秋的吟咏，《中秋旅思》就表达了中秋思念家乡的心情：

孤影看分雁，千金念弊貂；
故乡秋忆月，异国夜惊潮。
手未攀丹桂，以犹卷缘蕉；
登楼悲作赋，西望海天遥。

中秋赏月图

《月夜思乡》同样表达思念家乡的愁绪："星稀月冷逸银河，万籁无声自啸歌，何处关山家万里，夜来怅触客愁多。"

这些诗词，无不表达了历代文人雅士在中秋之时，仰望明月，倾诉自己的情思与不尽的慨叹，令人愁楚不已。当时的宋人，已经将团圆意识和中秋节令接连到了一起，宋代城市的居民每年都会在中秋这一天合家共赏圆月，就是这一伦理因素的体现。

后来，由于理学的浸染，民间社会乡族观念的增强，同时也因为人们在世俗生活中，更加认识到家族社会的力量。因此，人们在思想情感上，对家庭更为依恋。

中秋团圆赏月图

秋收之际的中秋节，正是加强亲族联系的良机。值得注意的是，中秋节民间尤其重视夫妇的团圆。出嫁的妇女中秋要赶到娘家与父母团聚，当天又必须返回夫家，与夫君团圆，有俗语就说：

宁留女一秋，不许过中秋。

一代文豪孟元老在追述北宋都城东京开封府城市风貌的著作《东京梦华录》中说："中秋夜，贵家结饰台榭，民间争占酒楼玩月"；而且"丝篁鼎沸，近内庭居民，深夜遥闻笙竽之声，宛如云外。闾里儿童，连宵嬉戏；夜市骈阗，至于通晓。"

吴自牧在《梦粱录》中说："此际金风荐爽，玉露生凉，丹桂香飘，银蟾光满。王孙公子，富家巨室，莫不登危楼，临轩玩月，或开广榭，玳筵罗列，琴瑟铿锵，酌酒高歌，以卜竟夕之欢。至如铺席之家，亦登小小月台，安排家宴，团圆子女，以酬佳节。虽陋巷贫窭之人，解衣市酒，勉强迎欢，不肯虚度。此夜天街卖买，直至五鼓，玩月游人，婆娑于市，至晓不绝。"

到了明代，出现了关于"团圆节"的最早记载，在礼部主事田汝成的《西湖游览志馀》中就提到：

八月十五谓中秋，民间以月饼相送，取团圆之意。

在一部详细记载北京景物的古书《帝京景物略》中也说：

八月十五祭月，其饼必圆，分瓜必牙错，瓣刻如莲花……其有妇归宁者，是日必返夫家，曰团圆节。

中秋祭月

在中秋的晚上，我国大部分地区还有烙"团圆"的习俗，即烙一种象征团圆、类似月饼的小饼子，饼内包糖、芝麻、桂花和蔬菜等，外压月亮、桂树、兔子等图案。

祭月之后，由家中长者将饼按人数分切成块，每人一块，如果有人因事不在家即为其留下一份，表示合家团圆。

团圆是中秋节的中心意义。因为家族生活的关系，我国人有很强的家族伦理观念，重视亲族情谊与血亲联系，从而较早形成了和睦团圆的民俗心理。家庭成员的团聚成为家族生活中的大事，民俗节日就为民众的定期会聚提供了时机。

在传统的年节中，都不同程度地满足着人们团圆的要求，如除夕的"团年"、重阳的聚饮等。

中秋为花好月圆之时，"海上生明月，天涯共此时"，人们由天上的月圆联想到人事的团圆。因此，中秋在古代被视为一种非常特别的"团圆节"。

中秋赏月，最盛是在宋代。每逢这一天，东京的所有酒楼都要重新装饰门面，扎绸彩的牌楼，出售新启封的好酒。

铺子堆满新鲜佳果，夜市之热闹，一年之中少见。显官和豪门，都在自己的楼台亭榭中赏月，琴瑟铿锵，至晓不绝。

一般的居民则争先占住酒楼，以先睹月色为快，并且安排家宴，团圆子女。正如记述南宋时杭州风土人情的《武林旧事》中记载：

此夕浙江放'一点红'羊皮小冰灯数十万盏，浮满水面，灿如繁星。

■ 古人中秋赏月

重阳节　为农历九月初九。《易经》中把"九"定为阳数，九月初九，两九相重，故而叫重阳，也叫重九。重阳节早在战国时期就已经形成，到了唐代，重阳被正式定为民间的节日，此后历朝历代沿袭。重阳"踏春"皆是家族倾室而出，重阳这天所有亲人都要一起登高"避灾"，插茱萸、赏菊花。

而京师赏月之会，异于他郡。倾城人家子女不以贫富能自行至十二三，皆以成人之服饰之，登楼或在中庭拜月，各有所期：男则愿早步蟾宫，高攀仙桂。女则愿貌似嫦娥，圆如皓月。

这是关于中秋节放花灯的最早记录。在整个唐宋时期，中秋只是一般的社交娱乐性节日，中秋节的主要活动是赏月、玩月。

到了明清时期，中秋节的性质发生了变化，人们同样赏月，但是似乎更加关注月神的神性意义，以及现实社会人们之间的伦理关系与经济关系。

中秋是丰收的时节，人们利用中秋节俗表达人们对丰收的庆祝。

■《赏月图》

祭祀月亮时的时令果品，既是对月亮的献祭，更是对劳动果实的享用。

据吴自牧的《梦粱录》记载，南宋时期，在每年的中秋夜里，皇宫中有赏月游园的活动，比如倚桂阁、秋晖堂、碧岑，都是临时由皇帝下旨安排。一直到夜深，宫中的音乐还飘传到宫外。御街上的绒线铺、蜜饯铺、香铺，纷纷摆出货物，争多比好，这还有一个说法，叫"养眼"。

灯烛华灿，一直到天光才消停。这夜里，浙江还有放"一点红"羊皮小水灯的风俗，数十万盏小水灯浮满水面，灿如繁星，十分壮观。有人说这是迎合江神的喜好，不仅仅是图个好看。

宋朝在杭州还有一个特殊的中秋景观，就是钱塘观潮。由于钱塘江口地形类似一漏斗，每当海潮涌至，受到渐进渐狭的地形影响，波浪便重重叠叠堆积成一道水墙，声势极为壮观。

苏东坡在杭州任佑府时，曾作过一首《八月十五日看潮》，描述观潮人数之众多，及潮水汹涌之气势：

■ 八月十五闹花灯

> 定知玉兔十分圆，化作霜风九月寒。
> 寄语重门休上钥，夜潮留向月中看。
> 万人鼓噪慑吴侬，犹似浮江老阿童。
> 欲识潮头高几许，越山浑在浪花中。

《武林旧事》中的另一段文字则更具体地描述了潮水震撼天地的磅礴气势：

> 方其远出海门，仅如银线，既而渐近，则玉城雪岭，际天而来。大声如雷霆，震撼激射，吞天沃日，势极雄豪。

花灯 又名灯笼。是我国传统农业时代的文化产物。花灯是汉民族数千年来重要的娱乐文化，是汉民族民间文化的瑰宝。灯笼是一种传统民间工艺品，在古代，其主要作用是照明，由纸或者绢作为灯笼的外皮，骨架通常使用竹或木条制作，中间放上蜡烛或者灯泡，成为照明工具。

《夜月观潮图》

中秋之时，杭州人在钱塘江上举行观潮和看弄潮儿的表演。是时，江边士人云集，上下几十千米，地无寸隙。一些弄潮儿披发文身，手执巨幅彩旗，树画伞，踏涛踩浪，出没于鲸波万仞中，腾跃百变，各展技艺，豪民富客们争赏财物，好不热闹。

花好月圆

中秋节俗与赏月之风

阅读链接

传说，很久以前有一对修行千年的兔子，得道成了仙。它们有4个可爱的女儿，个个生得纯白伶俐。

一天，玉皇大帝召见雄兔上天宫，在途中看到嫦娥孤单的身影，就很同情她。但是自己力量微薄，能帮什么忙呢？兔仙忽然想到了自己的4个女儿，它立即飞奔回家。

兔仙把嫦娥的遭遇告诉雌兔，并说想送一个孩子跟嫦娥做伴。雌兔虽然深深同情嫦娥，但是又舍不得自己的宝贝女儿，一个个泪流满面。

雄兔语重心长地说："如果是我孤独地被关起来，你们愿意陪伴我吗？嫦娥为了解救百姓，受到牵累，我们能不同情她吗？孩子，我们不能只想到自己呀！"

孩子们明白了父亲的心，都表示愿意去。雄兔和雌兔眼里含着泪，笑了。它们决定让最小的女儿去。小玉兔告别父母和姐姐们，飞到了月宫，陪伴嫦娥居住了！

祭月在明清时期的演变

明清两代，赏月、祭月、吃月饼的风俗大盛，民间尤为重视中秋节。田汝成的《西湖游览志馀·熙朝乐事》中记载：

> 民间以月饼相赠，取团圆之义。是夕，人家有赏月之宴。苏堤之上，联袂踏歌，无异白日。

■祭祀壁画

■ 吃蟹图

《尚书》 又称
《书》《书经》，
为一部多体裁文
献汇编，长期被
认为是我国现存
最早的史书。
该书分为《虞
书》《夏书》《商
书》《周书》。
战国时期总称为
《书》，汉代改
称为《尚书》，
也就是"上古之
书"。因是儒家
五经之一，又称
《书经》。

古时汉族的中秋宴俗，以宫廷最为精雅。如明代宫廷时兴吃螃蟹，螃蟹用蒲包蒸熟后，众人围坐品尝，佐以酒醋。食毕饮苏叶汤，并用之洗手。宴桌区周，摆满了鲜花、大石榴以及其他时鲜。同时，还演出中秋的神话戏曲。

明代时，北京人八月十五祭月，人们在市场上买一种特制的"月光纸"，这是一种神码，上面绘有月光菩萨像。月光菩萨端坐莲花座上，旁边有玉兔持杵，如人似的站立着，并在臼中捣药。这种月光菩萨像小的3寸，大的丈余长，精致的画像金光灿烂。

在我国的许多寺庙中都有"月光童子"的塑像，它是佛教护法神二十四天之一。在印度古宗教中，月神被称为"苏摩提婆""创夜神""星宿王""莲花王""大白光神""冷光神"和"野兔形神"等。

清代，北京祭月有所变化，由早期纯道教色彩的以嫦娥为主的崇拜演变为佛道交融的月光菩萨和捣药玉兔并在的世俗形象，月光神多由道观寺院赠送，题名为"月府素曜太阴星君"。

古人对月亮的崇拜，最早见于史料记载的是《尚书·尧典》，文称：

日、月、星辰为天宗，岱、河、海为地宗；天宗，地宗合为六宗。

王逸注《楚辞·九章·惜诵》时云："六神，谓六宗之神也。"可见月亮在此之前早就被人们视为神而加以崇拜了。其实古人祭祀月亮时，往往是辅助于太阳而行。且祭日于东，祭月于西，以别内外，以端其位。足以见古代"祭日为主，祭月为辅"的现象。

溯其源，太阴星君的产生与我国古代对月亮的崇拜有关。太阴星君又叫月光娘娘、太阴星主、月姑、月光菩萨等。崇拜太阴星君，在我国由来已久，在四海之内也是普遍现象，这

《楚辞》 又称"楚词"，是战国时代的伟大诗人屈原创造的一种诗体。作品运用楚地的文学样式、方言声韵，叙写楚地的山川人物、历史风情，具有浓厚的地方特色。汉代时，刘向把屈原的作品及宋玉等人"承袭屈赋"的作品编辑成集，名为《楚辞》。并成为继《诗经》以后，对我国文学具有深远影响的一部诗歌总集。

■ 月亮菩萨坐像

是源于原始信仰中的天体崇拜。

在黑夜中，月亮给人带来了光亮，月色朦胧，又会使人产生许多遐想，许多美丽动人的故事因此产生。此后，太阴星君就较普遍地为民间供奉。

我国古代男女热恋时在月下盟誓定情，拜太阴星君。分离的恋人也拜求太阴星君祈求团圆。

元代大戏剧家关汉卿就写过一出《拜月亭》。《西厢记》里的崔莺莺也虔诚地对太阴星君倾诉希望遇到意中人的情怀。

清人丁耀亢所著的《续金瓶梅》第十八回中，一对痴男怨女郑玉卿和银瓶曾推开窗户，双双跪倒，对着月亮说："如果两个人有一人负心的，就死于千刀万剑之下。"

月神像

这天也大多卖"月光马儿"，富察敦崇写的《燕京岁时记》中记载了：

月光马者，以纸为之，上绘太阴星君，如菩萨像，下绘月宫及捣药之兔。人立而执杵，藻彩精致，金碧辉煌，市肆间多卖之者。

长者七八尺，短者二三尺，顶有二旗，作红绿色，或黄色，向月而供之。焚香行礼，祭毕与千张、元宝等一并焚之。

■ 中秋祭月图

　　祭月、拜月是明清中秋时节全国通行的习俗，清代俗谚有："八月十五月儿圆，西瓜月饼供神前。"

　　清代有特制的祭月月饼，此月饼较日常月饼圆而且大，正所谓"其祭果饼必圆"，各家都要设"月光位"，在月出方向"向月供而拜"。特制月饼一般在祭月之后就由家人分享，也有的留到除夕再来享用，这种月饼俗称"团圆饼"。

　　陆启泓在《北京岁华记》中记载："中秋夜，人家各置月宫符象，符上兔如人立；陈瓜果于庭，饼面绘月宫蟾兔；男女肃拜烧香，旦而焚之。"

　　明清时，江南以素斋供月，有老南瓜、菱藕、月饼等，旁边放凉水一碗，妇孺拜月毕，以指蘸水涂目，祝曰眼目清凉。

　　此俗来源于六朝时人，在农历八月中以露水洗眼

兔子花灯

的风俗。那时，人们中秋时节相互馈赠的不是月饼，而是盛满百草露的眼明囊。

后来，祭月的风俗发生了重大变化，男子拜月渐少，月亮神逐渐成为专门的女性崇拜对象。于是，明末的时候，北京地区的中秋节又新添了一个节令物件"彩兔"，叫作"兔儿爷"。

阅读链接

月坛古称夕月坛，位于北京阜成门外大街南侧，建于明嘉靖九年，即1530年，是明清两代皇帝祭祀夜明之神(即月神)、二十八宿神、金木水火土五星之神和周天星辰之神的地方。

月坛还有一个咏月的故事：一天晚上，朱元璋祖孙三代在赏月，朱元璋让儿孙作诗。太子先作诗："昨夜严滩失钓钩，何人移上碧云头？虽然未得团圆相，也有清光遍九州。"长孙接着吟道："谁将玉指甲，掐破碧天痕。影落江湖里，蛟龙未敢吞。"朱元璋觉得"未得团圆"和"影落江湖"都不是吉兆，果然懿文太子死在朱元璋之前，建文帝没有保住皇帝的宝座，流落江湖，不知所终。

兔儿爷的出现和文化传承

那是在很久以前，人间忽然闹起了瘟疫，百姓遭殃，生灵涂炭。这天正好是农历八月十五，又圆又大的月亮挂在空中，月宫中的嫦娥看到人间烧香求医的情景，心里十分难过，就派身边的玉兔到人间去为百姓们消灾治病。

玉兔领命之后，变成了一个身穿素白衣裙的少女，当天就来到了北京城。她去敲开了一家家的大门，但是，人们打开门一见到她，都连忙把门关上，不敢让她进去。

玉兔想来想去，就是不明白人们为什么不让她进门。她只好坐在一座

嫦娥塑像

小庙里寻思，她低头一看自己这一身素白的衣裙，忽然恍然大悟，原来只有办丧事的人家才穿白的衣服，人们家里都有重病人，看到我一定觉得不吉利，我应该换一身衣服去试试。玉兔儿看见身边的神像穿着一身铠甲，就借来穿在了自己身上。

玉兔穿戴好后，又去敲人家的门。人们一见她这身打扮，吓了一跳，后来一听说她会治疑难病症，就让她进屋来了。玉兔给病人吃了红、白两种小圆饼，顿时，病人的精神就好起来了。

玉兔走了一家又一家，治好了很多病人，但是，人们见到这身装束，都有点害怕，对那种神奇的药也感到莫名其妙。玉兔想：我不能总穿这身衣服了，可是，穿什么好呢?

人们感谢玉兔走街串巷，不辞劳苦地解救病人，都要送给她东西。玉兔什么也不要，只向人家借衣服穿。这样，玉兔每到一处就换一身衣服，有时候像个卖油的，有时候像个算命的，有时候又像个卖菜的、唱戏的……

玉兔一会儿是男人装束，一会儿又变成了女人打扮。病人太多，

琉璃玉兔浮雕

玉兔跑得再快也忙不过来，她就骑马骑鹿、乘凤乘鹤，或者骑上狮子、老虎，走遍了北京城内外。她走到哪儿，哪里就充满了欢乐。

人们的赞扬和感谢让玉兔高兴得有点忘乎所以，自己的两只长耳朵露出来了。拜月的人们看到这人身兔首的少女，觉得很奇怪，然后再抬头看看月宫，发现嫦娥身边的玉兔不见了。大家这才恍然大悟，原来是月宫中玉兔来到了人间，专门为百姓们布医施药，解除病痛来了。

很快，人间的这场瘟疫就开始出现了消退的迹象，等到这场瘟疫完全消除之后，玉兔回到了月宫。可是，她那美好的形象却永远留在了人们的心中。

于是，人们用泥塑造了玉兔的形象，有骑鹿的，有乘凤的，有披挂着铠甲的，也有身着各种做工人的衣服的，千姿百态，非常可爱。每到八月十五那一天，家家都要供奉她，给她摆上好吃的瓜果菜豆，用来酬谢她给人间带来的吉祥和幸福。

玉兔是广寒宫里的神兔，又替人间消除了瘟疫，所以人们以"爷"尊之，将其称为"兔儿爷"。

但是，这毕竟只是一个传说，事实上，"兔儿爷"的产生，源于古代人民对月神神话的崇拜和确认。据考证，在我国的圆月中有兔的传说最晚始于

铠甲 古代将士穿在身上的防护装具。甲又名铠，先秦时，主要用皮革制造，称甲、介、函等。战国后期，出现用铁制造的铠，皮质的仍称甲。铠甲的原身为铁甲，始于春秋战国时期。各代铁铠甲往往因材因体而制，形制繁多。汉代称铁甲为玄甲，以别于金甲、铜甲。唐宋以后，不分质料，或称甲，或称铠，或铠甲连称。

■ 兔神泥塑

汉代。长沙马王堆汉墓中发现帛画，就反映出了这个内容。只见帛画上有一弯新月中并置着口衔灵芝的蟾蜍和奔跳的白兔。

在河南郑州发现的西汉晚期画像砖"东王公乘龙"中也有玉兔捣药的形象。

此外，在江苏丹阳地区发现的一座南朝陵墓，墓中出土了一块月亮画像砖，砖画中有一棵树，树下有一只捣药的玉兔，杵臼毕具，十分生动。

这些文物表明，月宫玉兔的传说在我国历史上曾有广泛的影响。在这种情况下，月宫玉兔演变成人们心目中治病救危、保佑平安的"兔儿爷"，也就顺理成章了。

兔儿爷最早出现在明末，用以祭月。但由于"男不祭月，女不祭灶"的风俗，小孩子经常在旁边模仿母亲祭祀的样子，兔儿爷就慢慢交给小孩子祭祀了，"兔儿爷"渐渐变成了专供儿童祭月用的造像。

明人纪坤的《花王阁剩稿》记载：

京中秋节多以泥抟兔形，衣冠踞坐如人状，儿女祀而拜之。

帛画 是我国传统绢本画，因画在帛上而得名。它不同于绢画或其他织物画，采用头道桑蚕丝，不浆、不矾、不托，运用工笔重彩的技法绘制而成。帛是一种质地为白色的丝织品，在其上用笔墨和色彩描绘人物、走兽、飞鸟及神灵等形象的图画，约兴起于战国时期，至西汉发展到高峰。

关于兔儿爷名字的记载，在清代北京岁时风俗的杂记《燕京岁时记》中说：

> 每届中秋，市人之巧者，用黄土抟成蟾兔之像以出售，谓之兔儿爷。

但是，玉兔毕竟不是凡间的家畜，也不是野兔，而是广寒宫里的神兔，儿童祭月时的兔儿爷是不能随便捉来玩耍的，要玩，只有"请"一尊泥塑的称为"爷"的"兔儿"恭而敬之地"供"起来。

与此同时，兔儿爷的制作也日趋精致。兔儿爷是用模子翻塑出来的，先把黏土和纸浆拌匀，填入分成正面和背面两个半身的模子里，等干燥后倒出来，把前后两片粘在一起，配上耳朵，在身上刷层胶水，再上色描金。此外还有捏的一种做法。

兔儿爷大的有三尺多高，小的只有三寸，均是粉白面孔，头戴金盔，身披甲胄。它的坐骑有狮、虎、鹿、象不等。兔儿爷左手托臼，右手执杵，做捣药状。

此外，还有呱嗒嘴的兔儿爷，其制空腔，活安上唇，中系以线，扯之，则兔唇乱捣。总

描金 又称泥金画漆，在漆器表面，用金色描绘花纹的装饰方法，常以黑漆做地，也有少数以朱漆为地，也有把描金称作"描金银漆装饰法"的。早在战国、汉代的时候，我国就已经掌握了用金的方法，到宋代出现描金花纹的漆器，明代仇英即擅长描金彩漆制作。

057

源流演化

起源称谓

■ 兔儿爷泥塑

之，兔儿爷的种类繁多，不一而足。

清代诗人栎翁在《燕台新咏》曾写《兔儿爷》一诗：

团圆佳节庆家家，笑语中庭荐果瓜。

药窃羿妻偏称寡，金涂狡兔竟呼爷。

秋风月窟营天上，凉夜蟾光映水涯。

惯与儿童为戏具，印泥糊纸又抟沙。

这兔儿爷，经过民间艺人的大胆创造，已经人格化了。它是兔首人身，手持玉杵。后来有人仿照戏曲人物，把兔儿爷雕造成金盔金甲的武士，有的骑着狮、象等猛兽，有的骑着孔雀，仙鹤等飞禽。

特别是兔儿爷骑虎，虽属怪事，但却是民间艺人的大胆创造。还有一种肘关节和下颌能活动的兔儿爷，俗称"呱嗒嘴"，更讨人喜欢。它虽为祭月的供品，但实在是孩子们的绝妙玩具，给市井生活增添了许多的情趣。

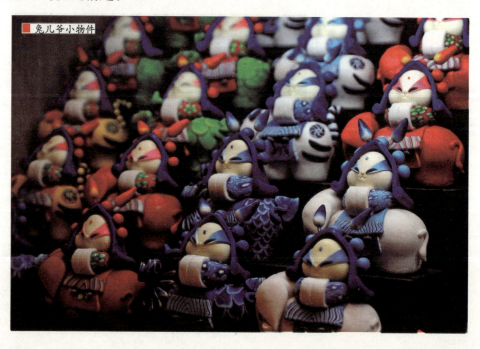
兔儿爷小物件

兔儿爷骑虎泥塑

曾有人这样描写兔儿爷：

> 脸蛋上没有胭脂，而只在小三瓣嘴上画了一条细线，红的，上了油；两个细长白耳朵上淡淡地描着点浅红；这样，小兔的脸上就带出一种英俊的样子，倒好像是兔儿中的黄天霸似的。

> 它的上身穿着朱红的袍，从腰以下是翠绿的叶与粉红的花，每一个叶折与花瓣都精心地染上鲜明而匀调的彩色，使绿叶红花都闪闪欲动。

在人们看来，兔儿爷有着不同一般的意义。坐象兔儿爷，象与祥同音，寓意吉祥如意。坐虎兔儿爷，虎为百兽之王，是统帅，寓意事业兴盛，人脉广博。

麒麟兔儿爷，因麒麟吐书的典故而流传，象征着学识广博，学业有成。坐葫芦兔儿爷，因葫芦与福禄同音，象征着福禄双全。因而，在我国兔儿爷在民间非常受欢迎。

到清代乾隆年间，杨柳青印制的木版年画《桂序升平图》，就

背插令旗的兔儿爷泥塑

真实地记录了当时儿童拜祭"兔儿爷"的情景。但见图中的"兔儿爷"高坐案上，西瓜、石榴、桃和月饼供放于前，两童子跪拜，一童子击磬，神态动人。

旧时在北京东四牌楼一带，常有兔儿爷摊子，专售祭月用兔儿爷。

在清代，这种民间节令习俗传入宫中，连皇家也要按民间习俗供奉"兔儿爷"。故宫中就收藏有多种"兔儿爷"，都是皇家小儿祭月的遗物。这些"兔儿爷"的形象，身披甲胄，背插令旗或伞盖。

旧时，一过农历七月十五，兔儿爷的摊子就摆出来了。在北京前门五牌楼、后门鼓楼前、西单、东四等处，到处都是兔儿爷摊子，大大小小，高高低低，摆的极为热闹。

阅读链接

这兔儿爷到底能不能带着笑模样？身后到底应该有几个令旗？民俗专家竟也有不同说法。北京有句老话说"兔儿爷的旗子——单挑"，就是因为兔儿爷身后只插一面旗。

这是有历史渊源的，它和兔儿爷的发祥地有关，人们是在寺庙里发现兔儿爷的，而寺庙的山门外只有一个旗杆，为了纪念兔儿爷，人们就在它的身后也插了一面旗。

但是到了后来，为了好看，渐渐出现了背插4个令旗的兔儿爷。4面旗虽然有悖于传说，但是一种可以接受的变异，兔儿爷作为一种传统文化符号，在传承过程中难免会发生一些变化。

不过，有一些特征绝对不能改，它必须是人脸、兔耳朵，面容不可狰狞，不能留胡子。

饮食文化

八月十五中秋节，正值春华秋实，一年的辛勤劳动换来了丰硕的果实。届时，家家户户置办佳肴美酒，怀着丰收的喜悦欢度佳节。

每年的中秋节，在全国各地都会有赏月、吃月饼的习俗，家家都要隆重地置办一桌佳肴美酒，家人团圆庆祝的同时表达对中秋时节丰收的喜悦。

我国地大物博，不同地方会有不同的庆祝方式，各地中秋饮食习俗也不尽相同，从而形成了我国丰富多彩的中秋饮食风俗文化。

月饼在我国的缓慢发展

我国古代称"糕饼"为"饼饵"。在我国关于面的历史上，"饼饵"一直都是糕饼的泛称。所以，"饼饵"应该是月饼的最初原型。月饼作为一种节令食品，也是由普通饼食演化发展过来的。

《周礼·醢人》郑众注述："酏食，以酒酏为饼"。贾公谚："以酒酏为饼，若今起胶饼"，胶字写为教。古文字音同相通，

■ 中秋美食月饼

"教"通"酵"，应该说"酏食"是我国最早的发酵饼。

秦统一六国以后，人们生产生活水平都有了较大的提高，发酵原料普遍应用，为汉代开始形成以粉制食品为原料的饼饵行业增添了繁荣，从汉刘熙《释名·释饮食》中记载：

■ 中秋月饼与苹果

> 饼，并也，溲面使合并也。胡饼作之，大漫沍也，亦言胡麻著也。蒸饼、汤饼、蝎饼、髓饼、金饼、索饼之属，比随形而名之也。

"随形而名之"则是按饼食形状不同而起名。其中"胡饼"是用烤炉制的饼食。

到了北魏，我国第一部农业百科全书《齐民要术》中就详细记载了我们祖先制作各种饼食的制作方法，如"饼法"中，就记述了白饼法、烧饼法、髓饼法、截饼法、粉饼法，如髓饼法：

> 以髓脂、蜜合和面。制成厚四五分，广六七寸，便著胡饼炉中，令熟。勿令反复，饼肥美，可经久。

《周礼》儒家经典，西周时期的著名政治家、思想家、文学家、军事家周公旦所著，从其思想内容分析，则说明儒家思想发展到战国后期，融合道、法、阴阳等家思想，春秋孔子时对其进行了极大补充。涉及内容丰富，堪称为上古文化史之宝库。对礼法、礼义作了最权威记载和解释，对历代礼制影响最为深远。

太师 我国古代官名。太，亦作大。西周置，为辅弼国君之臣，历代相因，以太师、太傅、太保为三公，太师是古时三公之首，周置为辅弼国君之官，秦废，汉复置。晋代避司马师讳，曾改作太宰。晋之后复称太师，多为重臣加衔，作为最高荣典以示恩宠，并无实职。

■ 月饼制作

从这里可以看出，胡饼和髓饼应是月饼的雏形。殷商时期，人们第一次将饼和月联系在一起，据史料记载，当时的民间已经有了一种为纪念太师闻仲的"边薄心厚太师饼"，是一种简单的面皮包糖酱馅心圆饼，可以说，"太师饼"是我国月饼的"始祖"。

另外，中秋节吃饼最早是源于民族拜月的仪式。人们以饼、各色水果等奉献给月神，月神"享用"祭品之后，人们再分切饼食之。

隋唐时期，国家的统一和经济的繁荣以及大运河的开通，使得交通运输变得更为便捷，方便的交通促进了那时南北经济文化交流。

汉朝的时候，开始有了带果仁馅料的胡饼，这是早期的月饼。汉代张骞出使西域时，引进芝麻、胡桃，为月饼的制作增添了辅料，这时便出现了以胡桃仁为馅的圆形饼，名为"胡饼"。

唐朝时，月饼初见记载。唐代民间已有从事生产的饼师，京城长安也开始出现糕饼铺，繁荣的经济使那时饼饵行业有了空前的发展，经营规模也逐渐扩大。据说唐代长安著名的胡饼店铺就不下十来家了。

唐高祖时，李靖出征突厥，并于中秋节凯旋。当时，恰有一个吐蕃商人进献胡饼，李渊很高兴，手拿胡饼，指着当空的皓月说："应将胡饼邀蟾蜍。"随后，李渊将胡饼分给群臣食之，而"蟾蜍"正是月亮的别称。

■ 美食月饼

饕餮盛宴

饮食文化

后来有一年中秋之夜，唐玄宗和杨贵妃在赏月吃胡饼，唐玄宗嫌"胡饼"的名字不好听，杨贵妃仰望着天空皎洁的明月，一时心潮澎湃，便随口而出"月饼"，太宗听后大喜，便传旨将"胡饼"改称"月饼"，从此"月饼"名称便在民间逐渐流传开了。

北宋皇家在中秋节喜欢吃一种"宫饼"，民间俗称为"小饼"和"月团"。"月饼"一词也曾在南宋吴自牧的《梦粱录》中出现过，据记载，那时的月饼是菱花形的，和菊花饼、梅花饼等同时存在，并且是"四时皆有，任便索唤，不误主顾"。

后来，宋代文学家周密在记叙南宋都城临安见闻

张骞（约前164年—前114年），字子文，汉中郡城固人，汉代卓越的探险家、旅行家与外交家，对丝绸之路的开拓有重大的贡献。开拓汉朝通往西域的南北道路，并且从西域诸国引进了汗血马、葡萄、苜蓿、石榴、胡麻等物。曾奉命出使西域，为丝绸之路的开辟奠定了基础。

■ 做月饼的模具

周密（1232—
1298），南宋词
人、文学家。祖
籍济南，流寓吴
兴。宋德祐间为
义乌县令，入元
隐居不仕。自号
四水潜夫。他的
诗文都有成就，
又能诗画音律，
尤好藏弃校书，
一生著述较丰。
著有《齐东野语》
《武林旧事》《癸
辛杂识》《志雅堂
要杂钞》等杂著
数十种。

的《武林旧事》中首次提到"月饼"的名称。

可见这时的月饼，还不只是在中秋节吃。至于月饼这个名词的来历，已无从考证。但是北宋著名文人苏东坡留有"小饼如嚼月，中有酥和饴"的诗句，或许这是月饼这个名称的来源以及月饼做法的根据。

当时，制作月饼的原料已经非常广泛了，杨光辅在他所著的《淞南乐府》一书中写道：

淞南好，时物荐秋香，月饼饱装桃肉馅，雪糕甜彻蔗糖霜，新谷渐登场。

这里已说明那时月饼馅料的用料已很讲究了。糕饼制品品种繁多，糕点行业也已逐渐形成了专业化。

但从文献记载看，当时的节日重在尝新，如尝石榴、枣、栗、橘、葡萄等时新水果，饮新酒等，有"秋尝"的意味，那个时候还没有将月饼作为重要的节令食品。

以月饼为中秋特色食品及祭月供品的风俗，大概始于明朝。当时，明太祖朱元璋正在领导军队平叛，约定在八月十五这一天出兵，以互赠月饼的办法把字条夹在月饼中传递消息。很快，叛乱就被平定了。

消息传来，朱元璋高兴得连忙传下口谕，在即将来临的中秋节，让全体将士与民同乐，并将当时以秘密传递信息的"月饼"，作为节令糕点赏赐群臣。

此后，"月饼"制作越发精细，品种更多，大者如圆盘，成为相互馈赠的佳品。

中秋节吃月饼的习俗便在民间广泛地流传开来，同时，月饼也被赋上了民族抗争精神的化身意义。

据《客座赘语》记载，南京有一位铁冠道人道术高明，能预知未来之事。

明太祖对此不以为然，于是召见道人问道："今天我有什么事呢？"

铁冠道人回答说："太子某时进饼。"

《客座赘语》
为明代顾起元所著的史料笔记，成书于1617年。全书10卷，计文467篇，记述明朝南都金陵地区的地理形势、水陆交通、户籍赋役、街道坊厢、山川河流、名胜古迹、方言俗语、名物称谓、天文历法、科举制度、风土人情、习俗变化等，内容丰富多彩，无所不有。为后人留下了不少珍贵史料。

饕餮盛宴

饮食文化

■ 中秋美食月饼

■ 中秋月饼

这天正是中秋之日，太祖遂命人将道人锁在房中，等待验证他所说的话。等到那个时辰，太子果然来进奉饼食。

在明朝宫廷，中秋之日太子要向父皇进献月饼。民间城乡更是以月饼为节日的礼物，互相馈送。明代文人沈榜编著的《宛署杂记》说，每到中秋，百姓制作面饼互赠，呼为"月饼"。

从这个时候开始，出现了大量关于月饼的记载，这时的月饼已是圆形，而且只在中秋节吃，是明代起民间盛行的中秋节祭月时的主要供品。在《帝京景物略》中说：

八月十五祭月，其祭果饼必圆。

家设月光位于月所出方，向月而拜，则焚月光纸，撤所供，散之家人必遍。月饼月果，戚属馈相报，饼有径二尺者。

当时，一些心灵手巧的饼师，还把嫦娥奔月的神话故事作为食品艺术图案印在月饼上，使月饼成为更受人民青睐的中秋佳节的必备食品。

明代田汝成的《西湖游览志馀》中说：

八月十五日谓之中秋，民间以月饼相赠，取团圆之义。

中秋民间以月饼为礼品相互赠送，取团圆之意。苏东坡的绝句"但愿人长久，千里共婵娟"，就十分贴切地道出了人们在中秋吃月饼时盼团圆的愿望。

到了清代，清朝统治者的宫廷生活皆袭明制，每

饕餮盛宴

饮食文化

■ 中秋超大月饼

遇中秋，便制月饼。为了更加适合本民族的饮食习惯，清宫在制作月饼的时候，在馅心中掺入了奶油等，出现了"敖尔布哈月饼"等特色品种，敖尔布哈为满语，汉意是奶饼子。

在块形上，清宫月饼小者寸许，大者尺余。重量上，轻者盈两，重者10千克。在品种上，除敖尔布哈月饼外，尚有桃顶月饼、供尖月饼、自来红月饼等20余种。月饼的花色品种进一步斗奇争妍。据说，大的直径有一尺余，上绘月宫蟾兔之形，用作祭祀。

清宫祭月时，多在某一院内，向东放一架屏风，屏风两侧搁置鸡冠花、毛豆枝、芋头、花生、萝卜、鲜藕。屏风前设一张八仙桌，上置一个特大的月饼，四周缀满糕点和瓜果。

祭月完毕，按皇家人口，将月饼切作若干块，每人象征性地尝一口，名为"吃团圆饼"。若皇帝驻跸避暑山庄，则在"烟波致爽"院内摆月供。中秋这一天，皇家众人还佩带"玉兔桂树"等应节荷包。

此举是为了加强家族、社会成员之间的联系，互相馈赠礼物，月饼就成为人们相互交流的信物与吉祥的象征。

■ 清代人们中秋赏月塑像

据记载，当时在乾清宫供月御案曾出现高达十数层"月饼山"，垫底巨饼直径数十尺重10千克，而山顶小饼仅两寸大，三两重。

皇帝拜月饼祈丰年后，把精巧别致的"迷你"小饼赏予宠妃，捧酥香软糯的"敖尔布哈"，即"奶子"月饼敬奉太后，将垫底大饼切开分赐众王公大臣、妃嫔公主、福晋命妇，每人一份。

按照宫里的规矩，晚饭过后要由皇后去祭祀"太阴君"。太阴君是道教中的月神，亦称"太阴皇君"，全称"月宫黄华素曜元精圣后太阴元君"，或称"月宫太阴皇君孝道明王"。

这个规矩大概是沿着东北的习惯，在"男不拜兔，女不祭灶"的思想下，"太阴君"是由每家的主妇来祭的。

人们会在庭院的东南角上，摆上供桌，请出月光神码来插在香坛里。香坛是一个方斗，晋北的斗不是圆的，是方的。街上有时偶然听到晋北人唱"圆不过月亮方不过斗，甜不过尕妹妹的温柔"。

可见，晋北的斗全是方的。斗里盛满新高粱，斗口糊上黄纸，供桌上四碟水果，四盘月饼，月饼叠起来有半尺高。

■ 中秋美食月饼

总管内务府大臣 清代另一新创的中央行政机构为内务部门。内务府的全称为总管内务府衙门，最高长官为总管内务府大臣，简称为内务府大臣或总管大臣，初为三品衙门，后升为正二品，由皇帝从满洲王公、内大臣、尚书、侍郎中特简或从侍卫、本府郎中、三院卿中升补。

另外，中间一个大木盘，放着直径有一尺长的圆月饼，这是专给祭兔时做的。还有新毛豆角，四碗清茶，是把茶叶放在碗里用凉水冲一下。

就这样，由皇后带着妃子和格格等一行行完礼，就算是礼成了。整个过程异常庄重，唯恐有一点礼仪不周，得罪了神鬼，降下灾难。所以一有给神鬼磕头的机会，都是争着参加，没有一个人敢落后的。

末代皇帝溥仪，曾在中秋节赏给总管内务府大臣绍英一个月饼，直径约二尺许，重约10千克，足见清宫月饼之大。

由此可知，当时的月饼制作工艺有了较大提高，品种也不断增加，供月月饼也到处都有。

清代诗人袁景澜有一首颇长的《咏月饼诗》，其中有"入厨光夺霜，蒸釜气流液。揉搓细面尘，点缀胭脂迹。戚里相馈遗，节物无容忽……儿女坐团圆，杯盘散狼藉"等句，从月饼的制作、亲友间互赠月饼到设家宴及赏月，叙述无遗。

也有竹枝词写道："红白翻毛制造精，中秋送礼遍都城。"北平的俗曲也在唱着："荷花未全谢，又到中秋节，家家户户把月饼切，香蜡纸马兔儿爷，猜拳行令同赏月。"可以想见，在岁月的更迭变迁之中，月饼已经普及得相当广泛了。

我国的节日从来都是和吃联系在一起的，比如春节要吃饺子，端午要吃粽子，这是和几千年是农业社会有关。节日与农业的节气紧密地联系在一起，所有节日里的吃食，都是对大地的亲近。

春节、端午和中秋，是我国传统的三大节。吃月饼自然就变得如此重要起来，月饼的馅可以百花齐放，但甜是最主要的。

■ 月饼与茶

原因很简单，在原始的农业社会，蔗糖和蜂蜜出现之前，甜曾经是人们一种向往和欲望，是被古代哲人认为是和光明连在一起的两件最高贵的事情，是和美连在一起的最好的一个词汇。

所以，人们一直都在说"甜美的生活"，把最好的日子用甜来表达，是最高贵的一种体现。

清代《燕京岁时记》中曾有些绝对地说：

中秋月饼，以前门致美斋者为京都第一，他处不足食也。

因此，月饼的甜味是必然的，是主要的，是体现了一个饱尝辛酸苦辣的民族，长期以来对生活特别是团团圆圆、甜甜蜜蜜生活由衷的向往和礼赞。

这一时期，也是我国糕点行业走向成熟稳定的阶

■ 传统月饼

■ 广东茶点香煎南瓜饼

段，糕点的制作不但花色多样式也增加了不少，用料也更加讲究了，而且技术也在不断地提高，制作技巧也越来越高。

清人袁枚在《随园食单》中介绍道："酥皮月饼，以松仁、核桃仁、瓜子仁和冰糖、猪油作馅，食之不觉甜而香松柔腻，迥异寻常。"也出现了如曾懿《中馈录》记述"酥月饼"的制作方法的书籍。

此时，各种地方特色和流派也逐渐形成。遍观全国，已形成京、津、苏、广、潮五种风味系列。月饼种类的特色，因地而异。

京式月饼，是北方月饼的代表品种，花样众多。起源于京津及周边地区，在北方有一定市场，其主要特点是甜度及皮馅比适中，重用麻油，口味清甜，口感脆松。

苏式月饼，是我国的传统食品，更是江南地区人们最喜爱的一种食品。苏州是苏式月饼的发源之地，

曾懿 自幼研读经史，擅长丹青、文辞。他看到许多患者由于医治无效而丧生。曾懿既怜乡民之无辜，更恨庸医不识寒温，泥执古方之无能，于是他废寝忘食地苦读家藏医药典籍，上始汉、唐，下迄清末，凡精辟之论述，严谨之方剂，都一一摘录下来，悉心钻研。

苏式月饼这名字就传下来了。皮层酥松，色泽美观，馅料肥而不腻，口感松酥，是苏式月饼的精华。苏式月饼的花色品种分甜、咸或烤、烙两类。

广式月饼，主要流行于我国的南方地区，特别是广东、广西、江西等地，广式月饼之所以闻名，最基本的还是在于它的选料和制作技艺无比精巧，其特点是皮薄松软、油光闪闪、色泽金黄、造型美观、图案精致、花纹清晰、不易破碎和携带方便。

潮式月饼，是以糖冬瓜为馅，食之松脆滋润，属酥皮类饼食，主要有绿豆沙月饼、乌豆沙月饼等。潮式月饼身较扁，饼皮洁白，以酥糖为馅，入口香酥。用猪油做月饼是传统潮式月饼的主角，其中最为传统的潮式月饼主要有两种，一种拌猪油称作劳饼，一种拌花生油称作清油饼。

还有一种产于东北的套月月饼，专供馈赠之用。最大的底盘直径约33厘米，由下而上逐一缩小，一套月饼像个宝塔。而且每个月饼上都有不同的花样，组成一套嫦娥奔月的连环画面。

旧时，长沙南食坊制作月饼，在开春之后就已动手作准备。南食坊先要用很长的一段时间，对月饼的原材料进行加工储备。诸如果料中的瓜仁、麻仁、橄榄仁要去壳，桃仁、花生仁去壳之后还要去皮，需要经过几道工序。

一直要等到中秋到来前的一段时节，新鲜猪油要煎好，火腿和瘦肉条也都要切成丁。还有豆沙、莲蓉、枣泥，都是要煮好或炒制好备用的。

从农历七月起，在暑热渐退之时，月饼就在长沙上市了。眼看着生意一天比一天地红火起来，一直要做到八月十五月圆时分。但是，一旦等到中秋节过后，月饼就无人问津了。

阅读链接

传统的月饼与茶还有一定的渊源。传统的广式月饼重糖轻油，虽然月饼皮儿比较薄，不过由于内馅饱满实在、配料极为讲究，所以这种广式饼吃起来特别甜腻。于是人们就搭配重烘焙、颜色较深、口味较重的茶，如铁观音、人参乌龙茶。

此外，如果是口味为淡甜、口感绵密的改良式广式月饼，搭配带有花香类的茶，或是有清香味的茶，就有提味的功能。至于外皮酥松香滑、皮馅分离、口感清爽不腻的台式月饼，则可考虑搭配各类乌龙茶，如天雾茶、顶冻乌龙茶等都是理想的选择。

而吃起来酥松香脆、甜腻适口的苏式月饼，含油量多，糖味特别重，搭配清香的茉莉香味，如茉莉花茶、茉莉乌龙茶，口感会比较好，尤其芬芳的茉莉香味四溢于口腔时，让人觉得有清爽的滋味。

北方地区的独特饮食风俗

　　在北京，传统月饼有自来红、自来白和提浆月饼。提浆月饼是指月饼皮面的一种制作方法，说通俗点"提浆"就是熬糖浆，另外在皮面中还要加入一定比例的大油，以起到酥松的作用。

传统手工月饼制作

专门制作清真月饼时，就把大油换成黄油。这种月饼的特点是皮酥、馅香，"老北京"中秋特爱吃。

老北京上供用月饼，必须是"自来红"，而不能是"自来白"。"自来红"用来祭祀有着严格的规定和讲究，皮要用芝麻油做，里面放有不同的果仁，还有北京的"青丝和红丝"，即杨梅和陈皮，而且要有冰糖。

在北京，中秋节还要用红糖和芝麻酱等制作一种称为"团圆饼"的面食，以象征全家甜甜蜜蜜、团圆和美之意。

制法是将发好的白面加碱揉好后，根据笼屉大小先擀成四片薄面饼，每片上均抹上些芝麻酱、糖桂花汁，并码上些果脯、核桃仁、葡萄干等，一层层叠放在一起，再擀一较大的面饼从上向下将其包严成大圆形饼，上屉蒸熟之后就可以享用了。

菜式上，八月秋高蟹正肥，中秋正是品尝螃蟹的时节，北京尤其讲究品尝醉蟹。醉蟹历史悠久，因最早制作此蟹的童氏家族居住在中庄，故人称"中庄醉蟹"。这种醉蟹，色如鲜蟹，放在盘中，栩栩如生，肉质细嫩，味道鲜美，且酒香浓郁，香中带甜，营养丰富。

不管古人还是后人，都会把月饼看作月亮的象

■ 团圆饼

自来红 是传统的京式点心，月饼在烤制前是白面皮的，但出炉之后神奇地变成棕红色，而且月饼的上边会出现一个深红色的圆圈，月饼上那个红圈是用一份的水、一份的糖及半份的碱面熬制而成的。将这种汁液盖在月饼坯子上的时候是看不见红印的，只有月饼烤制熟了以后，红圈才会显现出来，这也是自来红月饼的神奇之处。这也正是"自来红"名字的来历。

征，俗语说"八月十五，天上月圆，地下饼圆"，总会让人想到月圆的美好与对团圆的渴盼。山西民间特别注重此时此刻的全家团聚。

外出的人们一般都要在这天回家过节，山西人习惯自己制作月饼，每逢节日来临，村村都要架炉，各家妇女准备好面、油、糖、馅，会聚一处，有人和面，有人拌馅，有人压模，出模时模子扣子案板上的木材间梆梆当当的声音此起彼伏，间夹着女人们家长里短的嬉闹声，浓浓的家乡天伦之乐飘荡在整个村里了，由此，这样的活动称为"打月饼"。

打月饼精华之处最终会聚集在模子的刻制与印模，制作的月饼名堂多且有趣，如有供全家人分食的大团圆月饼，有盆直径大，有专供男人食用的月牙月饼，有只限于女子享用的葫芦月饼，还有特别为少年准备的"孙悟空""兔儿爷"之类的月饼。

《焚香祷月图》

还有专门为孩子们打制一些兔形小月饼，据传说，月亮当中除了嫦娥，还有一个猴子和一个兔子陪伴，而这样做就是为了表示对孩子的祝福，希望他们将来能够"蟾宫折桂"，步入仕途。

当然，中秋节祭月除了月饼以外，西瓜和毛豆也是必不可少的供品。西瓜取音于喜，取形于圆，取瓤于红，取子于多，意寓一家人团团圆圆，欢欢喜喜，红红火火，多子多福；毛豆指嫩黄豆，连皮煮熟，色泽金黄，寓金秋。传说兔子喜食毛豆，这是专

■ 节日美食月饼

为玉兔准备的，也包含着农民丰收在望，提前尝鲜尝嫩的喜悦心情。

傍晚，皓月当天时，要在院里摆上供桌，放上月饼、西瓜、毛豆、梨果等物。过去民间拜月，还要挂一张月光图，纸上画月中嫦娥，配玉兔、木杵和桂树等景。一切准备就绪，便可开始祭月了。

老人们拜月还要念拜月歌，大体内容是"八月十五月儿圆，西瓜月饼敬神仙，有吃有喝还有穿，一家大小都平安"。

姑娘们拜月却别有一番情趣。一般不与成人一块拜，单独设月光图，口不出声，心中却充满了对未来美好的期望。

拜月结束后，全家人在月光下共食团圆，还要将大月饼按人切块，每人一份。对未能回来过节者，家人要把属于他的一份月饼保管起来，待其回来时享

俗语 汉语语汇里为群众所创造，并在群众口语中流传，具有口语性和通俗性的语言单位，是通俗并广泛流行的定型的语句，简练而形象化，大多数是劳动人民创造出来的，反映人民生活经验和愿望。俗语也称常言、俗话，俗语一词已经普遍用作语言学的术语，常言一词带有文言的色彩，俗话一词则有口语的气息。

《中秋节·大团圆》图

受，或是寄给本人，嫁走的闺女也能分到一份。

赏月时，小孩子一边饱餐瓜果月饼，一面观望月亮，提出种种问题。爷爷、奶奶便会讲起代代相传的各种民间故事，浓浓的温情便散发在了每一家，每一户。

在陕西西安一带，每到中秋节，当地每家做馍，全家共吃一馍，称"团圆馍"。馍有顶、底两层，中间加芝麻。馍上层用大碗拓一个圆圈，象征中秋之夜。圆中刻"石头"一块，上站一个吃蟠桃的"小猴子"。馍在锅里蒸熟后，切成尖牙状，全家每人一牙，家人短期外出，则留下一牙。出嫁姑娘父母家则送馍上门，以示全家团圆不忘。

中秋佳节，陕西人不论贫富，必食西瓜，西瓜还要切成莲花状。在中秋月圆之时，一边乘凉赏月，一边吃着解暑的西瓜，凉意宜人，更增一家团聚的天伦之乐。

而且，吃月饼之余吃上块西瓜，清热解腻。久而久之，吃西瓜成了陕西人过中秋的习惯。而西瓜切成莲花状，只是为了配合中秋的节日气氛，增加喜庆吉祥的气氛罢了。

天津有悠久的民俗文化和饮食文化，在天津月饼主要有三类，分别是用模子做出的"提浆"、表皮酥脆的"白皮儿"和粘满芝麻的"麻饼"。月饼馅有白果、五仁、豆沙和枣泥。

天津人家里都有一个做月饼的模子，图案上也有讲究，有"福禄寿喜""月圆中秋"等字样，有的印有梅、兰、竹、菊或朱雀、白虎、青龙、玄武等图案。在制作方法上，老天津人家里都有一个"家常烙"，做法与做蒸饼相似。

在天津人眼中，中秋节晚宴仅次于除夕晚宴。这时正是秋收时节，小站稻的米、河海两鲜螃蟹、白果等都在此时上了百姓的餐桌。在中秋节赏月时，两三岁的娃娃要穿兔鞋、戴兔帽，长辈要送给孩子兔脸人形的泥人玩具即泥兔。

阅读链接

山东省庆云县农家在八月十五祭土谷神，称为"青苗社"，土谷神也是农业所奉祀的神祇。实际上，它是两个神的合称，即土地神和谷神。土谷神也叫社稷神，社是土地神，稷是谷神。

社稷之祭，很早就是国家祀典之一，民间对土谷神的奉祀，也十分普遍。土谷神有专庙供奉，其中最多的是专祀土地神的土地庙，合祀的则称土谷祠。更为普遍的，则是在田间地头设祭。奉祀的日期，多在社日、夏至六月六、中元。

在诸城、临沂和即墨等地除了祭月外，也得上坟祭祖。冠县、莱阳、广饶及邮城等地的地主也在中秋节宴请佃户。即墨中秋节吃一种应节食品叫"麦箭"，所谓的"麦箭"，就是先用白面摊成煎饼，再加上肉馅或素馅，然后用秫秸卷成筒状蒸熟，吃时加上调料，味道十分鲜美。

南方地区的诱人中秋美食

江南各地过中秋节，有吃南瓜的风俗。"八月半吃南瓜"的风俗是怎样来的呢？

传说，在很久很久以前，南山脚住着一户穷苦人家，双亲年老，膝下只有一女，名叫黄花，美丽、聪明、善良、勤劳。那时连年灾荒，黄花的父母年老多病，加上缺衣少食，病在床上，奄奄一息。

那年的八月十五，黄花在南山杂草丛中，发现两只扁圆形野瓜。她采了回来，煮给父母吃。香喷喷、甜滋滋，两老吃了食欲大增，病体也好了。

黄花姑娘就把瓜籽种在地里，第二年果然生根发芽，长出许多

唐寅画《嫦娥执桂图》

■ 中秋月饼

圆圆的瓜来，因为这是从南山采来的，就叫南瓜。从此，每年的八月十五这一天，江南家家户户流传着八月半吃老南瓜烧糯米饭的风俗。

除此之外，还必吃金陵名菜桂花鸭。"桂花鸭"于桂子飘香之时应市，肥而不腻，味美可口。酒后必食一小糖芋头，浇以桂浆，美不待言。

"桂浆"，取名自屈原《楚辞·九歌》"援北斗兮酌桂浆"。桂浆，一名糖桂花，中秋前后采摘，用糖及酸梅腌制而成。

在浙江，杭州的莼菜鲈鱼脍是中秋家宴上的主要菜肴，不仅仅是因为这一时节的莼菜鲈鱼好吃，更是因为晋代张翰借思乡的"莼菜、鲈鱼"，弃官返回故里的史实，这一故事不仅成为千古美谈，并使莼菜成为思乡的象征。

张翰，字季鹰，西晋著名的文学家，吴郡吴县人。张翰父亲是三国孙吴的大鸿胪张俨，张翰为人放纵不拘，而有才名，写得一手好文章，都说他有阮籍

屈原（约前340年—前278年），名平，字原，我国伟大的爱国诗人。他写下许多不朽诗篇，成为我国古代浪漫主义诗歌的奠基者，在楚国民歌的基础上创造了新的诗歌体裁楚辞。主要作品有《离骚》《九章》《九歌》等。他创造的"楚辞"文体在中国文学史上独树一帜，对后世诗歌创作产生积极影响。

中秋月饼

的风度，所以给他一个称号叫做"江东步兵"。

一天，会稽人贺循奉命前往洛阳，所乘船只停泊在间门，贺循在船中抚琴一曲。张翰恰好经过，听到琴声，便上船拜访。两人虽素不相识，却一见如故，互相钦佩和喜悦。张翰问贺循的去处，方知是要去洛阳，于是他说："正好我也有事儿要去洛阳。"便和贺循同船而去，连家里人也没有告知。

齐王司马冏执政时期，征召张翰为大司马东曹掾。张翰告诉同郡的好朋友顾荣说："天下纷纷扰扰，灾祸战乱都没有停止。您名声远播四海，想要退出政坛很难。我本来就是生活在山林之中，对现实社会没有抱持期望。您要明智地来思虑前进或是后退的规划。"

顾荣握住他的手怆然说道："我也想跟你一起采南山的蕨草，饮用三江的清水。"

张翰一日见秋风起，想到故乡吴郡的菰菜、莼羹、鲈鱼脍，深有感触，就说"人生最重要的是能够适合自己的想法，怎么能够为了名位而跑到千里之外来当官呢？"于是，张翰毅然弃官还乡，作《思吴江歌》：

秋风起兮木叶飞，吴江水兮鲈正肥。
三千里兮家未归，恨难禁兮仰天悲。

后世的唐代大诗人李白也有诗赞之道：

君不见，吴中张翰称达生，秋风忽忆江东行。且乐生前一杯酒，何须身后千载名。

"莼鲈之思"成为因美食而辞官的一段历史佳话。莼菜是八月时令菜羹，又称马蹄草、水菜，是水生宿根生叶草植物。

■太湖美食——莼菜汤

■ 打糍粑

　　莼菜的根、茎、叶不仅碧绿清香，鲜嫩可口，而且营养丰富。而莼菜鲈鱼脍也就慢慢成了浙江地区人们中秋之际用来寄托思乡和团圆的佳肴。

　　在四川，四川人除了吃月饼外，还要打粑、吃麻饼、蜜饼等，也在中秋节杀鸭子。在川西地区，烟熏鸭子是中秋节的必备佳品，因那时当年生鸭已长大，肥瘦适宜。

　　人们选取当年生的子鸭，宰杀后褪尽羽毛，开膛取出内脏，洗净后，去翅尖、鸭脚，加盐码味腌渍一夜后，入沸水中略烫至皮紧，捞出抹干水分，置熏炉中，用稻草烟熏至呈茶色，出炉放入卤锅中卤熟，食时改刀装盘，色泽金红、肉质细嫩、烟香浓郁的烟熏鸭即成。

　　有的地方也点橘灯，悬于门口，以示庆祝。也有儿童在柚子上插满香，沿街舞动，叫作"舞流星香球"。嘉定人中秋节祭土地神、扮演杂剧、声乐、文物，被称为"看会"。

南京人将合家赏月称为"庆团圆"，团坐聚饮叫"圆月"，出游街市称"走月"。明初南京曾建有望月楼、玩月桥，清代狮子山下筑朝月楼，皆供人赏月，而以游玩月桥者为最。

人们在明月高悬时，结伴同登望月楼、游玩月桥，以共睹玉兔为乐。"玩月桥"在夫子庙秦淮河南，这夜，士子聚集桥头笙箫弹唱，追忆牛渚玩月，对月赋诗，故称此桥为玩月桥。明亡后，渐渐衰落，后人有诗云：

风流南曲已烟销，剩得西风长板桥。
却忆玉人桥上坐，月明相对教吹箫。

■ 月饼与葡萄

县志 记载一个县的历史、地理、风俗、人物、文教、物产、气候等的专书。一般20年左右编修一次。最早的全国地方志，是公元813年唐代李吉甫编的《元和郡县图志》，共40卷，后有部分散失。它以唐代的47镇为纲，每镇一图一志，详细记载了全国各州县的沿革、地理、户口、贡赋等。南宋以后，地方志大量增加，尤以明清两代最多。

在江苏东台一带，每逢中秋节，则以藕横断为饼，包以碎肉，敷以小麦屑，入油锅炸熟，谓之藕饼，俗称"荷花"，寓意和睦团圆。

地处广东东南部的广州人喜欢在中秋吃田螺，这在清咸丰年间的《顺德县志》中有记载，八月中秋，有吃芋头食田螺的习俗。

民间认为，中秋田螺，可以明目。据分析，螺肉营养丰富，而所含的维生素A又是眼睛视色素的重要物质。食田螺可明目，言之成理。

但是，为什么一定要在中秋节特别热衷于食之呢？这是因为，中秋前后是田螺空怀的时候，腹内无小螺，因此肉质特别肥美，是食田螺的最佳时节。在广州的不少家庭，会选择在中秋期间食用炒田螺。

在福建浦城，女子过中秋有穿行南浦桥的习俗，按照当地的说法，这样可以求得长寿。在建宁，中秋

■ 月饼点心

夜有挂灯为向月宫求子的吉兆。

芋头

上杭人过中秋，儿女多在拜月时请月姑。龙岩人吃月饼时，家长会在中央挖出直径两三寸的圆饼供长辈食用，意思是秘密事不能让晚辈知道。金门中秋拜月前要先拜天公。

在广东还有中秋吃芋头的习惯，潮汕有俗谚："河溪对嘴，芋仔食到"。八月间，正是芋头的收成时节，当地的农民都习惯以芋头来祭拜祖先。

这固然与农事有关，但民间还有一则流传广泛的传说，说在1279年，南宋灭亡之后建立了元朝，为了纪念这段历史，人们就取谐音，而且芋头形似人头，就以芋头来祭奠祖先，历代相传。

饕餮盛宴

饮食文化

阅读链接

在广东地区，潮汕的中秋美食品种颇多，主要可分为三大类，一是糕饼类，潮汕各地月饼，甜的、咸的、荤的、什料的、多味的各式各样种类繁多。还有面饼、软糕、云片糕均为中秋节糕饼，为潮人送亲戚之佳品，可说潮人送月饼是睦亲的习俗。

二是水果类，潮地中秋节季，天高气爽正是水果成熟之时，柚、柿、杨桃、菠萝、石榴、橄榄、香蕉等也是潮人中秋的另一类美食。

三是农产品类，芋头、南瓜，潮人用其制作芋泥、瓜浆也是潮人喜欢的。糍粑等也是潮汕人中秋必吃的一种食物。

台湾地区的别样饮食习俗

在台湾，流行在中秋节吃芋头，事实上台湾的人们对芋头有着一种极为特殊的感情，并且拟人化地把芋头分为芋母、芋子、芋孙，作为一种亲情的象征。

于是，家家户户购芋头，做芋饼、煮芋饭、蒸芋、烹芋汤、捣芋泥、炸芋枣等，简直可以拼成一桌芋头全席，这也可以说明台湾人近乎到了没有芋头不成节的地步。

■ 芋头

台湾高山族雅闺人对芋头更是崇拜至极。中秋节期间，如果新船下水必须把自家种的芋头搬上新船

■ 月饼

压舱，视芋为"鱼"、为"余"，之后的忌日再把芋头从船厂上搬下来分赠亲友近邻，借此作为一种迎接丰收兆头。

在台湾的民谣中也有不少唱到芋头的，有一首脍炙人口的《天乌乌要下雨》就唱道：

天乌乌要下雨，阿公扛锄头去掘芋……

但是，也有一些人家会在每年的中秋节晚上，蒸一锅芋头，在赏月时，全家人先吃芋头后吃月饼，并在剥芋皮时说"剥鬼皮"，据说这样能"避邪"。

还有俗语说："吃米粉芋，有好头路"。取芋、路的谐音来祈求祖先保佑自己找到好的生计。

在高雄，饲养水鸭的风气很盛，中秋节前后正是水鸭初长最嫩的时候。因此，客家人往往于中秋节宰

高山族 主要居住在我国台湾省，也有少数散居在大陆福建、浙江等沿海地区。高山族有自己的语言，大体可分为泰淮、曹、排湾三种语群，没有本民族文字。居住在台湾的高山族有自己独特的文化艺术，他们口头文学很丰富，有神话、传说和民歌等。高山族以稻作农耕经济为主，以渔猎生产为辅。

■ 月饼和水果

食水鸭加菜，成为当地中秋的特色。

在宜兰地区，中秋节除了吃月饼外，还吃一种菜饼。菜饼以面粉为材料，中间抹上黑糖烘焙而成，味道香脆爽口，台南地区则有在中秋节吃麻薯的习俗。

根据清代高拱乾的《台湾府志》记载，月饼还是以前台湾学子用来占卜自己未来功名成就的道具呢！清代以八月十五为秋闱，即乡试第三场考试的日子。

所以月饼也取了一些和科举功名相对应的名字。含状元、榜眼、探花饼各一，会元饼四，进士饼八，举人饼十六，秀才饼三十二。

参加占卜的学子轮流以6个骰子掷入碗中，各视其点数之多少，来预测其功名的高低。"博月饼"就是为了取状元夺魁的好彩头。

除了吃月饼，还吃柚子，柚子与"佑子"谐音，含有吉祥之意，中秋节前后又适逢盛产期，柚子便

台湾府 清朝康熙年间将台湾岛纳入版图后设立了台湾府，隶属于当时的福建省。直至1887年光绪年间台湾才独立设省。台湾建省之后下设台北府、台湾府、台南府三府，此时的"台湾府"范围约是台湾中部地区，加强了台湾同祖国内地的联系，巩固了祖国的东南海防。

成了中秋节的应节食物。除月饼外，各种时令鲜果干果也是中秋夜的美食。

如此美味的盛宴，总会让人食欲大涨，但是，在中秋的饮食方面，是很有些讲究的。秋天是盛产螃蟹的季节，是很多喜爱海鲜的饕客尝鲜的好时机。但是螃蟹性冷，吃螃蟹的时候最好趁热吃，并且多沾一些姜酒类的食品，以去其寒。

吃甜味月饼饮花茶，吃咸味月饼饮乌龙茶，或绿茶酸味水果配月饼，如猕猴桃、番石榴、橙子、西瓜和香蕉等。这些水果能对高脂肪、高蛋白物质的代谢起到抗氧化作用，从而保护心脑血管。

中秋节吃菱角，据说能让孩子长得聪明伶俐。菱角的大多数吃法是将菱角用清水或盐水煮熟，然后剥壳当零食吃。也可以将剥了壳的菱角加米，煮成咸味的白稀粥。在吃了甜腻的月饼后，喝上一碗菱角粥，胃中的油腻当场去除不少。

吃月饼应注意要"先咸后甜"。如同时有甜咸两种月饼，要先吃咸的后吃甜的，否则就品尝不出月饼的味道来。吃月饼时最好配以茶

中秋玉米月饼

中秋吃食

水，边吃边饮。这样既能解油腻、防口干，又有助兴的作用，同时还可以调剂饮食，增进人的食欲。

每逢中秋之夜，人们仰望着月中丹桂，闻着阵阵桂香，喝一杯桂花蜜酒，欢庆合家甜甜蜜蜜，欢聚一堂，已成为节日的一种美的享受，但是，切记要适可而止。

阅读链接

台湾农民有在中秋节祭拜土地公的习俗，感谢土地公保佑其丰富的秋收。除了祭祀土地公，农民还得在田间插设"土地公拐杖"，土地公拐杖是以竹子夹上土地公金，插在田间的。

另外在台湾南部，也有于中秋节祭拜树王公的习惯。太阴星君和太阴娘娘都是我国的月亮之神，既然中秋祭月，自然少不了祭拜月神了。以苗栗头份的太阳宫为例，每年中秋为太阴娘娘祝寿的活动，包括奏表祭拜，念经祝寿，举行月光晚会，颂《血盆经》等。

据台湾民间相传，中秋夜越晚睡越长寿。少女在中秋夜晚睡，则可使她的母亲长寿。

佳期节俗

在唐代，中秋赏月、玩月颇为盛行。在北宋京师，八月十五夜，满城人家，不论贫富老小，都要穿上成人的衣服，焚香拜月说出心愿，以祈求月亮神的保佑。

南宋，民间以月饼相赠，取团圆之义。有些地方还有舞草龙、砌宝塔等活动。明清以来，中秋节的风俗更加盛行，许多地方形成了烧斗香、树中秋、点塔灯、曳石、放天灯、走月亮、舞火龙等特殊风俗。

我国各地的中秋节习俗异彩纷呈，秉承着我国古老的中秋月圆人更团圆的信仰，凝聚着中华民族的精神，被千古传承。

用以抒怀遣兴的猜灯谜

　　那是在很久以前，每到中秋佳节，京城都会举行盛大的庆祝活动，成为一个响当当的不夜城，赏灯之会上百姓杂陈，诗谜书于灯，映于烛，列于通衢，任人猜度，所以称为"灯谜"。其实，猜谜语变成猜灯谜，当中还有个有趣的故事。

猜灯谜

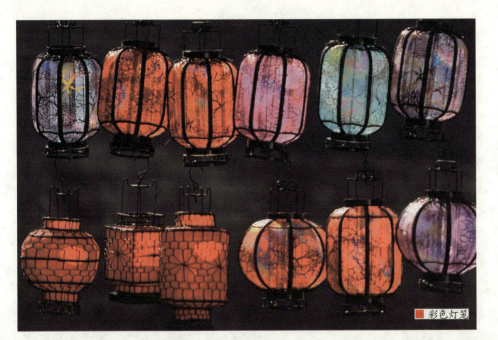
彩色灯笼

曾经有一个姓胡的财主，人称"笑面虎"。这笑面虎嫌贫爱富，平日鱼肉乡里，人们都很讨厌他。村里有位叫王少的穷秀才，决定要逗逗这个笑面虎。

有一年，中秋将临，各家各户都忙着做花灯，王少也乐呵呵地忙了一天。到了中秋灯节的晚上，王少打出一盏花灯上了街。只见这花灯扎得又大又亮，更为特别的是上面还题着一首诗。

王少来到笑面虎门前，把花灯挑得高高的，引得好多人前来围看，笑面虎也忙挤到花灯前，只见灯上题着四句诗：

> 头尖身细白如银，论秤没有半毫分，
> 眼睛长到屁股上，光认衣裳不认人。

笑面虎一看，只气得哇哇乱叫："好小子，胆敢来骂老爷!"喊着，就命家丁来抢花灯。

王少忙挑起花灯，笑嘻嘻地说："老爷，咋见得是骂你呢?"

花好月圆

中秋节俗与赏月之风

《红楼梦》我国古代四大名著之一，章回体长篇小说，原名"石头记""情僧录""风月宝鉴""金陵十二钗""还泪记""金玉缘"等，梦觉主人序本正式题为《红楼梦》。本书前八十回由曹雪芹所著，后四十回高鹗续，程伟元、高鹗整理。红楼梦是一部具有高度思想性和艺术性的伟大作

■ 月亮彩灯

笑面虎气呼呼地说："你那灯上是咋写的？这不是骂我是骂谁？"

王少仍笑嘻嘻地说："噢，老爷是犯了猜疑。我这四句诗是个谜，谜底就是'针'，你好好想想是不是呀？"笑面虎一想：可不是哩！只被气得干瞪眼，转身狼狈地溜走了。周围的人见了，只乐得哈哈大笑。

第二年中秋，人们纷纷仿效，将谜语写在花灯上，供人猜射取乐，所以就叫"灯谜"。以后相沿成习，猜灯谜成了中秋佳节的重要活动内容，《红楼梦》里有好几个章回都描绘了清人制猜灯谜的情景。

灯谜活动虽属艺文小道，然上自天文，下至地理，经史辞赋，包罗无遗，非有一定文化素养，不易猜射。而其奥妙诙奇，足以抒怀遣兴，锻炼思维，启发性灵，是一种益智的娱乐活动。

据考证，灯谜最早是由谜语发展而来的，起源于

小时青，
老来黄，
金色屋里，
小姑藏。
102
打一植物

春秋战国时期。它是一种富有讥谏、规诫、诙谐、笑谑的文艺游戏。谜语悬之于灯，供人猜射，开始于南宋。在《武林旧事·灯品》中记载：

■ 灯笼上的灯谜

以绢灯剪写诗词，时寓讥笑，及画人物，藏头隐语，及旧京诨语，戏弄行人。

　　猜灯谜是我国传统的娱乐形式，它运用艺术的手法和汉字的规律，着眼于字义词义变化，常用一个词句、一首诗来制成谜语，既能达到娱乐的目的，又可使人增长知识，为人们所喜闻乐见。

　　春秋战国时代，宫廷和墨客中出现了"隐语""文义谜语"等文字游戏，这可以说是最早的灯谜。那时一些游说之士出于利害考虑，在劝说君王时有些事情往往不好把本意说出，而借用别的语言来暗

隐语也叫"隐"，古字为"言隐"，是古时候对谜语的一种叫法。也是人与人交流的另外一种方式，说话交流是基本的交流方式，主要通过声音传输，在《文心雕龙》中有关于隐语含义相关解释，是"遁词以隐意，谲譬以指事"。

■ 中秋灯谜

示，使之得到启发。

这种"隐藏"的话语，当时叫作"庾词"，庾就是隐藏的意思，所以有时候也叫"隐语"。秦汉以后，这种风气更加盛行，东汉曹娥碑后题有"黄绢幼妇，外孙齑臼"，射"绝妙好辞"，即是"隐语"。

我国南朝文学理论家刘勰创作的文学理论著作《文心雕龙·谐隐》指出：

自魏代以来……而君子嘲隐，化为谜语。

唐宋时代，"文义谜语"日渐发展，制谜和猜谜的人多起来了。至南宋时，每逢佳节，文人墨客把谜语写在纱灯之上，供人们猜测助兴。灯谜至此可以说是名副其实的灯谜了。

至明清时代，春节前后各城镇皆张灯悬谜，盛况空前。如光绪年间有竹西后社、射虎社、萍社等灯谜

《文心雕龙》是南朝文学理论家刘勰创作的一部文学理论著作，是我国文学理论批评史上第一部有严密体系的、"体大而虑周"的文学理论专著。全书共10卷，50篇，以孔子美学思想为基础，兼采道家，全面总结了齐梁时代以前的美学成果，细致地探索和论述了语言文学的审美本质及其创造、鉴赏的美学规律。

花好月圆
中秋节俗与赏月之风

组织，其中谜手云集，每以茶馆酒肆，或在自家私宅作为灯谜活动场所。或研究探讨，或张灯悬谜，招引猜射，娱乐民众。

谜灯有四面，三面贴题签，一面贴壁，此灯又名弹壁灯。猜中者揭签，获小礼品留念。清家震涛有《打灯谜》诗云：

一灯如豆挂门旁，草野能随艺苑忙。

欲问还疑终缱绻，有何名利费思量。

总体来说，灯谜的结构是由三个基本要素组成的，即"谜面""谜目"和"谜底"，这三个部分缺一不可。"谜面"是告诉猜谜者的条件，也是猜谜者思考的依据。而"谜目"是限定所猜的是哪类"事务"，是答案所属的范围，"谜底"就是答案了。

做诗有做诗的规则，它讲究押韵，做对联有做对联的法门，它讲究平仄和对仗，猜灯谜也有两条约定俗成的规则。

单纯的词汇解释或知识问答，不能算是灯谜，就算是谜语，也只

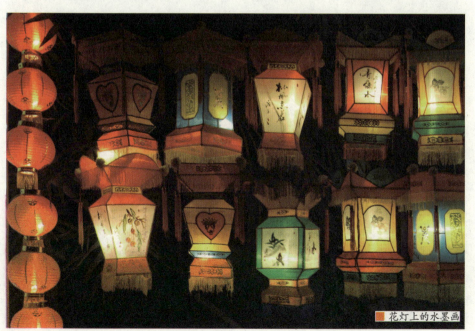

花灯上的水墨画

灯笼上的灯谜

能被看作低级的作品。例如每个人都知道"桂林山水甲天下"，若以"山水甲天下"猜我国的地名"桂林"，这纯属一种文字解释，毫无谜味。

如果以"山水"合成"汕"字"甲天下"会意为"头"字，而猜作地名"汕头"，底、面两个原本毫不相干的文句，却能互相搭配，岂不趣味盎然。

谜面上的字，绝对不能在谜底出现，除非有标明露春格，否则，底、面不能相犯，例如以"普天同庆"猜店招"大家乐"，很多人猜"全庆"。因为谜底已犯着一个"庆"字了，所以这个答案就肯定不能成立了。

有些灯谜，巧妙地借用了偏旁表义的造字规律，例如：尧加火才好煮熟饭。还有一些是一半描写字形，一半是影射字义的，例如臭字的谜面就是：因为自大一点，惹得人人讨厌。

灯谜的谜体有多种多样，正扣法也称正面会意法或正猜，此法是根据谜面所表达的正面含义，不抄曲径，直接去领会、推理，从而联想出谜底。例如以"择日乔迁"猜成语"改天换地"就是直接会意为改天换地。

　　猜谜倘正扣法行不通，便要变通扣法，不可在单一种扣法中钻牛角尖，否则将永远找不到谜底。反扣法也称反面会意法，此法与正扣法恰恰相反，根据谜面暗示，从反面去推理，寻求谜底。例如以"暗语"猜俗语"不明白"，底和面虽说法相反，但原义却是一样的。

　　侧扣法不是从正面会意，也非由反面猜射，而是由侧面衬托或由中间突出。例如以"进退皆忧"猜成语"乐在其中"就是解作进亦忧，退亦忧，便夹击出"乐"在中间了。

　　别解法是利用汉字一字多音，多义的特点，改变本意，另作解释，使谜语妙趣横生，这种手法一向被推为正宗灯谜。还有采用谜面别解者，例如以"不老实"猜植物"长生果"，谜面的"实"字不作"诚实"解，而别解为"果实"再以"长生"扣"不老"构成谜底"长生果"。

　　增字法是给谜底或谜面增加某些字或字的偏旁、部首，组成另一个字或词。例如"更"猜成语"与人方便"意思就是"更"字增加"人"旁方成为"便"字，以"青"字猜常用语二，谜底是"不放

■ 中秋猜谜语

心""难为情"，意思就是"青"字要放一个"心"字才成为"情"字，这则谜语的妙处是用反语来解答。

损字法是把谜面的字去掉某些笔画而得出谜底。例如古谜"春雨连绵妻独宿"，猜"一"字，意思是"春"天下雨就看不见"日"，妻独宿即"夫"不在，"春"字去掉"日、夫"二字成"一"字。以"个个不落后"猜简体字"丛"字，谜面前三个字别解都落掉后面一部分，成"人、人、一"三个字，合成"丛"字。

增损法是同一谜语中，它结合了前面所述的"增字"和"损字"两个法门。例如"身残心不残"猜"息"字，以"身残"扣"自"字以心不残扣"心"字先损后增，扣合谜底"息"字。以"菜田锄草浇水"猜"潘"字，意思是先将"菜"字去掉草头，合"田"成"番"字，再浇"水"便成"潘"字，增损

■ 中秋猜灯谜

并用，趣味无穷。

灯谜的谜底范围更广，从字谜、成语、诗词、各种用语，到事物、事件等皆可入谜。民间谜语的谜面往往是山歌体的民谣，以四句形式出现较多，讲究押韵而有节奏，读之可以朗朗上口，而且形象生动，便于口头传诵。

由于民间谜语通俗易懂，故大多数都适宜少年儿童猜射。因此，有时也把民间谜语

中秋猜谜语

称作儿童谜语。而"灯谜"的规则比较严格，文学特征也比较强，因而猜射难度也比较大，需要一定的学识水平，因而对成年人来说，更有趣味。

阅读链接

我国古典文学名著《红楼梦》中有很多有趣的灯谜。贾环的：大哥有角只八个，二哥有角只两根。大哥只在床上坐，二哥爱在房上蹲。打一用物（枕头，兽头）。贾母的：猴子身轻站树梢。打一果名（荔枝）。贾政的：身自端方，体自坚硬。虽不能言，有言必应。打一用物（砚台）。元春的：能使妖魔胆尽摧，身如束帛气如雷。一声震得人方恐，回首相看已化灰。打一玩物（爆竹）。迎春的：天运人功理不穷，有功无运也难逢。因何镇日纷纷乱，只为阴阳数不通。打一用物（算盘）。探春的：阶下儿童仰面时，清明妆点最堪宜。游丝一断浑无力，莫向东风怨别离。打一玩物（风筝）。

107

习俗流布

佳期节俗

中秋时节的舞火龙与摸秋

那是在很早之前，香港的大坑区只是一个客家渔村，村民以耕种及打鱼为生。在一次风灾袭击后，出现了一条蟒蛇，四处作恶，村民们四出搜捕，终于把它击毙。不料，次日蟒蛇却不翼而飞了。

■ 舞龙表演

■ 中秋舞龙灯活动

数天后，大坑便发生了一场前所未见的瘟疫。这时，村中父老获菩萨托梦，说是只要在中秋佳节舞动火龙，便可将瘟疫驱除。

说起来也奇怪，这个当时的无奈之举竟然奏效了。从此，舞火龙就流传了下来，据说舞了火龙后还可以趋吉避凶，保佑一年的风调雨顺。

不管这传说有多少迷信成分，但我国毕竟是龙的故土，在香港大坑中秋节舞火龙已有100多年的历史，这是值得珍视的。而大坑区的舞火龙活动规模颇大，轮番舞龙者达3万多人，场面甚是宏大。

从每年的农历八月十四晚起，大坑地区就一连3晚举行盛大的舞火龙活动。火龙长达70多米，用珍珠草扎成32节的龙身，插满了长寿香，由青壮小伙子赤膊上阵，挥舞跑动。

盛会之夜，大坑地区的大街小巷，一条条蜿蜒起

客家 客家先民始于秦征岭南融合百越时期，历经西晋永嘉之乱、东晋少数民族南下，中原汉族大举南迁，大部分到达广东、福建、江西等地，与南方百越群体互通婚姻，经过千年演化，直到南宋时期逐渐形成的一个具有独特方言、风俗习惯及文化心态的稳定民系。

《浮生六记》
清朝长洲人沈复著于1808年的自传体散文。清朝王韬的妻兄杨引传在苏州的冷摊上发现《浮生六记》的残稿，但是只有四卷。"浮生"二字典出李白诗集《春夜宴从弟桃李园序》："夫天地者，万物之逆旅也；光阴者，百代之过客也。而浮生若梦，为欢几何？"

■ 中秋舞龙灯活动

伏的火龙，在灯光与龙鼓音乐下欢腾起舞，火龙是用很多东西做成的。龙身是用稻草或珍珠草扎成，头部是由藤条屈曲为骨架，以锯齿的铁片作为龙牙，眼睛是装上的手电筒，舌头是漆红的木片，引龙的珠，原来是个沙田柚。

整条龙每部分都插上香火，在夜间舞动，点点星火，十分生动好看。村民们还会点燃鞭炮扔向火龙，小伙子们则舞动着龙头龙身，向抛来的鞭炮左推右挡。舞龙的小伙子们并不怕鞭炮烧，反而认为烧得泡越多，则以后可以好运连连。

自古以来，中秋丰厚的内涵，留存着我国独特的文化记忆。那不尽的思乡思亲之情，都融入了千百年来传诵的诗词、民谣、歌赋，以及兔儿爷文化、花灯文化、舞火龙文化等载体之中，让中华民族的中秋文

■ 中秋舞龙灯表演

化世代传承。

走月亮是汉代吴地的旧俗，清代的沈复在《浮生六记·闺房记乐》中记载：

> 中秋日……吴俗，妇女是晚不拘大家小户，皆出，结队而游，名曰'走月亮'。

清代顾禄的《清嘉录·走月亮》也说：

> 妇女盛妆出游，互相往还，或随喜尼庵，鸡声喔，喔，犹婆娑月下，谓之'走月亮'。

就是说，以前江苏地区的妇女，在中秋夜要"走月亮"。一般是结伴在月下游玩，或互相走访，或拜

顾禄 约生活在元末明初。以太学生除太常典簿，后为蜀府教授。少有才名，嗜酒善诗，才情浪漫，有"西京诗博士，一代酒神仙"之美誉。精于隶书、行草。书法宗汉隶，结体工整，笔法圆转灵动，厚重古雅的风度，他曾著有《桐桥倚棹录》。诗歌有《过鄱阳湖》。

佛庵，或举行文艺活动。

据说苏州的妇女走月亮，至少要走过三座桥，才可以称为"走三桥"，有的甚至要走过更多的桥而不许重复，这就不仅需要体力，还需动智力，正如清代周宗泰的《姑苏竹枝词》云：

中秋共把斗香烧，姐妹邻家举手邀。

联袂同游明月巷，踏歌还度彩云桥。

"摸秋"，其实就是"偷秋"的意思。相传在元朝末年，淮河流域出现了一支农民起义军。这支队伍纪律严明，所到之处，秋毫无犯。

一天，起义军转移到淮河岸边，深夜不便打扰百姓，便旷野露天宿营。有几位兵士饥饿难忍，在田间摘了一些瓜果充饥。此事被主帅发觉，等天明了便准

花好月圆

中秋节俗与赏月之风

姑苏 东接昆山，南连苏州吴中，西邻苏州虎丘，是苏州重要的经济、对外贸易、工商业和物流中心，也是重要的文化、艺术、教育和交通中心。姑苏物华天宝，人杰地灵，被誉为"人间天堂"，素来以山水秀丽、园林典雅而闻名天下，又有其小桥流水人家的水乡古城特色。

■ 中秋舞龙表演

■ 中秋舞龙表演

备将那几个治罪。

村民们得知后，纷纷向主帅求情。为开脱兵士的过错，有一老者随口说道："八月摸秋不为偷。"那几个兵士因此话而获赦免。

那天正好是立秋节，从此留下了"摸秋"的习俗，尤其是在我国湖北荆州地区，这一风俗更胜。据清代梁绍壬《两般秋雨随笔》中记载：

女伴秋夜出游，各于瓜田摘瓜归，为宜男兆，名曰摸秋。

每年中秋节的夜里，当明月升起的时候，无论男女老少都走出家门，到别人家的田埂边、菜园里或山坡上去摸瓜果、蔬菜和豆类。

老人去村野摸"安乐菜"希望家庭祥和兴旺。做

立秋 是二十四节气中的第十三个节气，每年8月7日或8日立秋。"秋"就是指暑去凉来，意味着秋天的开始。到了立秋，梧桐树开始落叶，因此有"落一叶而知秋"的成语。从文字角度来看，"秋"字由禾与火字组成，是禾谷成熟的意思。秋季是天气由热转凉，再由凉转寒的过渡性季节，立秋是秋季的第一个节气。

生意的老板娘上山坡摸芝麻，也叫"节节高"，期望生意兴隆。年轻人去溪边摸"甜到梢"，即甘蔗，盼望事业有成。小媳妇去田埂边摸南瓜，因为"南"与"男"谐音，所以企盼能生个儿子。

小伙子则去小路旁摸蛾眉豆，因为在当地，蛾眉豆是美女的代称，期待以后自己能有一个漂亮的女儿。正在热恋的情侣们，会去莽林野地摸百合花，共同祝愿白头偕老，百年好合。

摸秋人的这些举动都是背着他人做的，形式上像偷，而又不是偷。这种风俗，在当时象征着人们的一种喜悦，代表着一种吉祥，也反映了当时人们对丰收的希望和梦想。

后来，摸秋成了小孩子们乐此不疲的一种中秋习俗，这天夜里，家长会放纵自己的孩子到别人家田中"摸秋"，如果是摘得葱，则认为小孩儿长大后能聪明，如果是摘得瓜，则认为以后小孩儿吃喝不愁。而丢了"秋"的人家，无论丢多少，从不叫骂，反而会一起祝福这些可爱的孩子。

阅读链接

在湖南，也有舞火龙习俗，从中秋节起，连续三天，湖南的大路边镇与星子镇都会舞火龙，特别是最后一天，舞火龙会达到高潮，一条条的火龙走街串巷，给各家各户带来好运气，然后聚集到镇中心，集中舞蹈。

旁观者用鞭炮往赤膊的舞龙者身上丢过去，鞭炮在年轻人的身上炸开。但是勇敢的舞龙者却不在意，而且欢迎别人这样。

第二天的白天，你走过大路边镇与星子镇，可以看到一身伤口的年轻人，他们看上去，俨然一脸的自豪。据说，红药水涂得越多，来年的生活越红火，运气越旺。

小城连州，从大路边与星子出的官员最多，是不是舞火龙带来的运气呢？只要鞭炮不停，火龙就会不停地舞下去。

寓意深远的曳石和烧斗香

　　曳石就是用力拉石头，曳石活动源于明朝嘉靖年间，是为纪念民族英雄戚继光而兴起的。相传，明朝嘉靖年间中秋夜，戚家军主力出援福安、宁德两地，倭寇企图乘虚攻占霞浦县城。

　　战争一触即发之时，戚继光让后方百姓曳石，将绳子绑住石头在青石板上拉动，发出巨响造成城内人多的气势。倭寇到达城郊，见满城灯火，城内喊声震天，石声隆隆，以为是千军万马在调动，不战而退，霞浦城得以保住。此后，每逢中秋，霞浦县便开展曳石活动。

　　据《霞浦县志·礼俗志》记载：系选一平面石，方二三尺许，石旁夹以硬木，复以麻绳纠之使紧固，前方系以大麻绳，

戚继光雕像

长数十丈，"后方系麻绳只丈余"。

届时，挑选强健的青壮年男子数十以至近百人，在前面"牵之快跑"，而选一两人在后面"扶绳扶之""石头上坐一个身体强健的人"，作为指挥员号令进止，大小约十余队，沿街呐喊，相互竞争。

曳石又称"太平石"，在后来形成的每年八月十五中秋夜，在霞浦县一带村庄都有开展大人小孩都可参加的"曳石"活动。召集在霞浦牙城、沙江、大京、三沙等村镇，每逢中秋十一至十五便兴起曳石活动，且演变成"竹溜""竹车"等比赛活动。

这种在石铺路面上用绳子拖石头的"曳石"和"竹溜""竹车"等游戏比赛活动在普天之下是独一无二的，用这种活动来纪念戚继光及义乌将士抗倭胜利，并祈求平安在全国也是独一无二的。

拖曳的石头，有圆形、方型，还有"心"字形的。曳石开始前，

点燃的香火

各队人员将各自使用的石头，用麻绳系牢。曳石开始，石上坐一健儿，身披红色绶带，号令队伍进止。数十人在前面牵着麻绳沿街一边奔跑，一边呐喊"走啊，走啊"，相互争竞，绕村三圈，观者云集。

在我国，人们还习惯在喜庆招财及重大的民俗节日点燃焚烧斗香，以示欢庆庄重，有鸿运当头、福星高照、有求必应、合家平安、招财进宝、万事如意的美好寓意。清代潘宗鼎的《金陵岁时记》中的《秋焚斗香》中曾记

载有：

■ 点燃的香火

清范祖述的《杭俗遗风》也有关于中秋斗香的记录。斗香是以前民间在中秋节拜月时烧的一种香，香呈塔形，香的顶部用四角戚六角的"斗"形彩色刻纸装饰于其上，故名"斗香"。斗香除了顶部之外，香的上下各层装饰有许多彩色的刻纸，通称为斗香花。

斗香花题材内容极为丰富，有戏文、历史故事、民间传说、花卉、吉祥图案等，多以蜡光纸刻制，每套十张左右。图案造型简练生动，色彩鲜艳强烈。

配色一般用金及大红、桃红、绿、蓝、枯黄、淡黄、黑七色蜡光纸组成，富有浓烈的装饰效果。这种香篆均需覆斗形底座并有竹签支撑，在底座和撑架上便装点着彩色的剪纸，非常鲜艳。

在清代曹雪芹的《红楼梦》第七十五回写到"贾母堂上赏月，月台上焚着斗香，屏着风烛，呈现着瓜饼及各色果品，月明灯彩人气香烟晶艳氤氲，不可形状，地下铺着拜毯锦褥"，装饰豪华之极，铺张之

斗香花 南京一种套色剪纸，多用于祭祖祀神等民俗活动时的装饰用，旧时祭祀总要烧香，一般香作细条状，叫"线香"；也有粗条状并盘绕成各种花纹，其纹如篆字，旧称"香篆"。

极，可见正堂地位之重要，在这段描写中就出现了斗香这一词。

而且很多苏北的家庭会在中秋这天晚上的六七点左右开始烧斗香，斗香是由我们平时看的小的细长的香扎成一小柱后再由香柱捆扎而成的，先将小的香柱直立并扎成一个达到一尺左右直径的圆形底盘，然后再往上一层层的像宝塔似的往上垒。

最上面一层用纸裁成斗的形状，斗旁有的插两面小纸旗，斗中满储香灰，点燃后，香烟缭绕，别有风味，这是一般人家自己做的斗香。从香烛店里买来的斗香，那就更讲究了，用纱绢来糊制，在四角缀上纸灯，还绘有嫦娥奔月、亭台楼阁等景观。

如果需要的台数多，则底盘相应就要扎大。一般规格有6至20台之多，如6台的、8台的、9台的、12台的等。斗香的台数越多，说明这家越有钱，据称这是用作祈祷祝福之用的。

花好月圆

中秋节俗与赏月之风

上海民间的烧斗香风俗，在普天下烧斗香中是极具特色的。上海的斗香是由纸扎店制作的，形状四方，上大下小，大的四周各宽约有两尺多。香斗四周糊着纱绢，绘有月宫楼台亭阁等图画，也有的香斗用线香编绕而成，斗中插有纸扎的龙门魁星，以及彩色旗旌等装饰。

上海中秋节烧斗香的场面，向以南园为最盛。中秋节这一天，当月兔东升时，家家都将斗香放置在庭院、天井或自己的场门口，香气氤氲，千家万户烧斗香，弥漫在一片典雅柔和的檀香芬芳之中，呈现一种神秘、庄严而又喜乐祥和的色彩。

此外，城里城外许多大桥的桥堍，都点燃有特制的大型斗香，很有节日的气氛。

中秋果子节与石湖看串月

中秋正逢各类瓜果成熟的时期，是个名副其实的果子秋，一些老北京人直接将中秋称为"果子节"。

据《京都风俗志》记载，中秋节的前三五天，通衢大市，搭盖芦

月饼与水果

棚，内设高案盒筐，满置鲜品、瓜蔬，如桃、榴、梨、枣、葡萄、苹果之类。晚间灯下一望，红绿相间，香气袭人，卖果者高声叫卖，一路不断。

这些果品除了供人品尝外，主要是用于送礼和上供。因此，果品和包装都十分讲究。有的果农在苹果未熟时，将用纸剪的"福""寿""佛"等字图案贴在果子上，不使阳光照射。

等果子成熟后，再把剪纸揭去，红色的苹果上就留下了黄绿相间的图案，精美绝伦，引人喜爱，但索价甚是昂贵。

凡用来馈送亲友的，一律都装在特制的筐里，还要垫上香蒿，以增加果品的香味。果筐外面还要加上红绿纸包装，增加了节日气氛。

在月饼节前，各大糕点铺均应时地出售中秋月饼，十五晚上，待家人聚齐，月亮升起之后，祭月仪式即在庭院举行，形式大同小异。有的望空设祭，有的将刻有桂殿蟾宫图案的大月饼镶在木架上当神位，有用月宫码当神位的。但都用小矮桌，上设中秋月饼，只用"自来红"，不用"自来白"，临时蒸的红糖馅的饼，即团圆饼，除不供各种梨之外，其他水果均可为供。

■ 月饼与水果

"瓣刻如楚花"的西瓜不可少，因取团圆之意。另外，插上红鸡冠子花和带枝的毛豆。香烛、钱粮具备。俗云："男不供月，女不祭灶。"

实际上，后来参加祭祖的并没有绝对界限和要求，全家都可叩拜，不过女人先拜，男人后拜而已。尤其是小孩，多以拜月为嬉戏。

如用月宫码，撤供后，在庭院中焚化。如秫秸不能尽烧，持"老妈妈论儿"者多压在炕席底下，留着打尿炕的孩子。

撤供后，家中长幼全部聚齐，盛设瓜果酒肴，在院中聚饮，谓之"团圆酒"。同时，全家分食大月饼、团圆饼。但各家习惯不一，有的将当作团圆饼的大月饼，放于干燥风凉处，留待除夕全家再分享。

在山东一些地区，中秋有抛帕招亲的习俗。中秋之夜，人们会在空旷的场地中搭建一个彩台，布置成月宫景状，并设玉兔和桂树等。

一些未出嫁的姑娘就会扮成嫦娥，在欢庆歌舞之后，姑娘们将一些绣着不同花色的手帕向台下抛去。如有观众接得的手帕与"嫦娥"手中的花色相同，即可登台领奖。

古人拜月图

有些未婚的小伙子在交还手帕时，若受"嫦娥"喜欢，则可以戒指相赠。此后，双方可以交友往来，情投意合者便喜结良缘。

旧时，庆云县农家，八月十五祭土谷神，称"青苗社"。诸城、临沂和即墨等地，中秋节除了祭月外，也得上坟祭祖。冠县、莱阳、广饶及邹城等地的地主，也于中秋节宴请佃户。

每年的农历八月十五，在山东以及很多地方还有放孔明灯的习俗。据相关资料记载，"孔明灯"又叫天灯，相传是由三国时的诸葛孔明所发明。

当年，诸葛孔明被司马懿围困于阳平，无法派兵出城求救。孔明算准风向，制成会飘浮的纸灯笼，系上求救的讯息，其后果然脱险，于是后世就称这种灯笼为孔明灯。另一种说法是这种灯笼的外形像诸葛孔明戴的帽子，因而得名。天灯又被称为"祈福灯"或"平安灯"，放飞孔明灯，寓意团团圆圆。

每年中秋节之前，人们都以放飞"孔明灯"的方式来祈福保平安。制作一盏孔明灯，需要十多个人同心协力花三个小时才能完成。

孔明灯做好之后，还要用柴火将它烘干，之后就可以放飞了。人们认为，在如此美好的中秋之夜放飞一盏寄托美好愿望的"孔明灯"是一大乐事。

中秋之夜，人们除了吃月饼、赏月之外，苏州人还有一个十分有趣的"石湖看串月"的民间习俗。

石湖，是太湖的子湖，居上方山东麓，在苏州城西南9千米。相传春秋时，范蠡带着西施就是从这里泛舟进入太湖的。

石湖东面有越来溪，溪上有座越城桥，是当年越王勾践率兵攻吴，从太湖挖通水道，屯兵士而得名。就在越城桥的右首，有座九环洞桥，叫行春桥。这里是石湖看串月的最佳处。

每当农历八月十七半夜子时，月亮偏西时，清澈的光辉，透过了9个环洞，直照北面的水面上。这时，微波粼粼，在石湖水面上可以看到一串月亮的影子，在波心荡漾，这就是"石湖串月"奇景。

人们为了看到这一胜景，一过中秋，不仅苏州城里城外，大小船只一租而空，甚至还有人从无锡、常熟、吴江等地赶来看串月。在这两三天中，石湖里灯

诸葛孔明（181年—234年），即诸葛亮，字孔明、号卧龙，徐州琅琊阳都人，三国时期蜀汉丞相、杰出的政治家、军事家、散文家、书法家。在世时被封为武乡侯，死后追谥忠武侯，东晋政权特追封他为武兴王。因此诸葛亮在后世受到极大尊崇，成为后世忠臣楷模，智慧化身。

■ 十五月圆夜

文徵明 （1470年—1559年），原名壁，字徵明。明代画家、书法家、文学家。诗宗白居易、苏轼，文受业于吴宽，学书于李应祯，学画于沈周。在诗文上，与祝允明、唐寅、徐祯卿并称"吴中四才子"。在画史上与沈周、唐寅、仇英合称"吴门四家"。

船、游船往来如梭。

"苏州好，串月有长桥"，除了行春桥，苏州还有一座桥梁史上的杰作宝带桥。宝带桥53孔，犹如"长虹卧波"，横卧在大运河和澹台湖之间。相传在农历八月十八半夜，明月正中，照在湖上，每一个桥亦都幻出一个月亮，水中的月亮，随波起伏，犹如一串明月。

然而，"宝带桥串月"不如"石湖串月"有名。这不仅因为上方山石湖景色如画，而且同上方山的一个风俗有着连带关系。

相传，农历八月十七，是"五通神"的生日，苏州一带善男信女都要到上方山去烧香"借阴债"。

八月十八一早，四乡八里的烧香船都涌向石湖，许多船上载着各种会打拳弄武的高手，敲锣打鼓地随着画舫穿越桥洞，还把钢叉从桥洞这边飞过桥面，越

■ 石湖图

过热闹的看客的头顶，待船到桥洞那边正好接住，以此来显示该村村民武艺的高强。

这时，行春桥上人山人海，喝彩声四起。明代吴门画派文徵明，曾为此景作过一幅《泛舟石湖》诗画卷。

清康熙年间，苏州巡抚汤斌为了防止苏州人利用结社赛会图谋不轨，他亲自拆掉了五通神庙。从此，迷信的"五圣作祟"煞住了，而八月十七的石湖潮讯却依然存在，并一直流传了下来。

■ 夜色下的孔明灯

阅读链接

在4000多年前的夏朝，大羿当时是仲康帝的宰相，因为大羿与嫦娥夫妇俩天性喜欢修道，大羿就将相位交给了他收养的养子寒浞，然后他们到昆仑山修行去了。

10年后，昆仑山上的众神之长西王母告诉大羿他们可以下山，临行时赠给嫦娥两粒仙丹，让她在危急时方可食用。

在他们离去的10年，阴险狡诈的寒浞在暗中发展个人势力，最终架空了夏王。大羿的归来使寒浞非常害怕，于是他发动政变杀死了大羿与夏王。他命令手下杀死嫦娥。嫦娥奔逃，并在危急时吃下两粒仙丹。吃下去后，果然脱胎换骨，身体变轻，不由自主地飞翔起来。

寒浞手下追杀嫦娥时，嫦娥已腾空而起，飞身向月宫飘去，最后带着肉身飞到月亮里去了。于是，人世间有了"嫦娥奔月"的故事。

有趣的请月姑和窃瓜祈子

仕女拜月图

上海中秋节风俗，有祭月和烧斗香等。祭月时，当月亮升起，于露天设案，供以月饼、瓜果、毛豆、芋艿和藕等食物，还供有执着捣药杵站立的玉兔月宫画符。

旧以月属阴，祭月时由妇女先拜，男子后拜，也有说是"男人不拜月"的。祭月完毕，一家人吃团圆酒、赏月饭等。妇女回娘家暂住的，中秋夜必须返回夫家，因为这是团圆节的缘故。

中秋夜出游赏月，妇女们结伴夜游，称为"踏月"。上海小东门外的陆家石桥，桥下面水中荡漾的皎月倒

影，与天空中的皓月形成美妙对照。因此，中秋夜游
人如织，争相观赏。这"石梁夜月"在上海很有名
气，被称作"沪城八景"之一。

■ 古人中秋赏月图

上海每到中秋节前后，店铺中桂花酒的生意总比
平常好得多。上海人喜食桂花，将桂花作为食品制作
中的天然香料，用糖或食盐浸渍桂花，长期保香于密
封容器中。在制作糕点时，加入桂花制成桂花糕，在
烧食汤山芋、糖芋时撒上一把桂花，色香俱佳。

中秋节之际，上海人除了吃月饼外，还要吃鸭
子、毛豆和芋艿等，中秋吃芋艿不仅一享口福，而且
表示好运连连。而在干燥的秋季吃鸭子，也是对身体
颇有裨益。

毛豆，又称"毛豆荚""荚"音谐"吉"，表示
吉祥如意，团圆美满。

在湖南的衡阳，流传"中秋晚，有送瓜"的习
俗。凡祖上遗产丰富，娶妇数年不育，则亲友举行送

画符 一点灵光即
是符，世人枉费
墨和朱。在道家
符篆里，有"先
天符"和"后天
符"之分，画符
说难而难，说易
也易。就是"一
点灵光"的象
征。道士用咒语
画成篆，画灵符的
时间最好是午夜
23时至凌晨1时。
灵符所用的纸一
般是黄色的纸，
不过有时具有特
殊用途的可用红
纸。墨水有的用
朱砂，平常是用
黑色的墨汁。

剪纸拜月

瓜仪式。在中秋前几日，亲友在菜园中窃冬瓜，必须令园主不知道，以彩色绘成面目，衣服裹在冬瓜上，像人样子。然后推举年长命好的人抱着冬瓜，鸣金放炮，送至其家。

年长人将冬瓜放在床上在门内念着，种瓜得瓜，种豆得豆。接受冬瓜的人要设筵款待。妇女得瓜后，立即剖开冬瓜吃。

在衡阳，凡是村里结了婚没有生育儿女的人家，只要人缘好，村里都会有人给他们"送子"的。

在湖南的其他地区，也有以瓜送子的习俗，与衡阳类似。中秋节晚上，趁主人赏月不在屋时，要好的邻居就秘密地为他送子。

送子的人必须是已经有儿女的人，他们先选中村里最恶的一户人家的瓜园，从园中偷一只大冬瓜，在瓜上画娃娃的面目，再用一节5寸长的小竹管插入冬瓜腹内，顺着竹管往里灌水，直到灌满为止。

送子人将冬瓜藏在主人的被窝中，等主人回房睡觉时用手拉被，冬瓜娃娃一动，水便顺着竹管流了出来，就像小孩尿床一样。而丢瓜的人家一早起来便骂，据说骂得越凶，将来生的娃娃越健壮。如果第二年真的生了儿女，便要儿女拜送子的人为"干爹""干妈"。

在贵州，也有偷瓜送子的习俗。晚上偷瓜时，故意让被偷的人知道，以惹起怒骂，骂得越厉害越好。瓜偷来后，要为它穿上衣服画上眉，装成小孩的形状，敲锣打鼓，用竹舆抬送，送到无子的人家。接受瓜的人必须请送瓜人吃一顿月饼，然后陪伴着瓜睡一夜。第二天早晨将瓜煮熟吃掉，认为从此便能怀孕了。

在安徽歙县一带，中秋节时，大人们让稚童偷人家的倭瓜或者连娘带子的子母芋，泥水淋漓地放到新婚人家的被子里，弄得床褥极脏。用这种方式表示送子。

在安徽婺源，在中秋节儿童以砖瓦堆空宝塔。塔上挂以帐幔匾额等装饰品，又置一桌于塔前，陈设各种敬"塔神"的器具。夜间则内外皆点上灯烛，光辉可爱。

在绩溪，中秋之际，儿童打中秋炮。中秋炮是以稻草扎成发辫状，浸湿后再拿起来向石上打击，当作一种打击乐器，使发出巨响。绩溪还有舞火龙的风俗，火龙是以稻草扎成的龙，身上插有香柱。游火龙时有锣鼓队同行，游遍各村之后再送至河中。

"请月姑"是江西安远农村很具特色的风俗习惯，渗透出浓郁的古老文化气息。"月姑"即为天上的七仙女，据说，在中秋节月圆之时，人间的欢乐与祥和，会让七位仙女羡慕不已而纷纷下凡，为人们排忧解难，预知祸福，并亲尝人间各种美味。

中秋之夜在"请月姑"时，首先要设祭台，台上摆上花鞋、红布、红鸡蛋、首饰等物品，台前需摆放一盆清水。有趣的是在水里面要立一面镜子，并且镜子要正对着月亮。

接着，大家在一块大场地上集中，由家

中秋拜月图

习俗流布

佳期节俗

族中年长且有名望之人，拿一把"天锁"，口中念念有词，并对空把"天锁"打开，希望打开天门，迎接仙女即"月姑"下凡到人间。同时，还应放一角箕于祭台上，并插一根筷子，挂上一把钥匙，由两人托着。角箕要用新花布盖着，托角箕的人以妇女为宜。

接着，一群少年男女跪成一圈，清亮地同诵口诀，恭请月姑下凡，口诀为：

月姑姐，月姑姨，请下月姑谈天意，门口一口井，请下月姑照水影；门口一洼塘，请下月姑玩一趟；花衫子，有你穿；银钗子，有你插……

角箕里筷子上挂着的钥匙，因为人力的摆动，会发出"笃笃"的脆响，这就标志着朴实而真诚的人们，在清脆的响声中迎来了神圣美丽善良的"月姑"。于是，人们开始纷纷向"月姑"祈福。请"月姑"有着它古老的文化渊源，尽管在一定程度上带有迷信色彩，但寄托着人们的美好愿望以及对幸福生活的不懈追求。

花好月圆

中秋节俗与赏月之风

阅读链接

江西省吉安县在过中秋节的时候，有一个独特的风俗，那就是还没到傍晚的时候，当皎洁的月亮升起时，每个村子都会用稻草烧瓦罐。

等到熊熊的大火将瓦罐烧红后，人们就会将提前准备好的醋放进去。这时，整个村子就会有香味飘满，到处都是满满的醋香。

而在新城县过中秋时，自八月十一夜起就悬挂通草灯，直至八月十七止。

蕴含美好愿望的闽粤风俗

在厦门等广大地区，每逢中秋佳节临近的时候，在夜色阑珊中的大街小巷，便会传出博饼时骰子撞碰瓷碗发出的悦耳叮当声。

在古代，"博"是一种棋戏，后泛指赌博运动。沿袭到现在，博饼不再有赌博的意味，而是成为厦门人中秋聚会的保留节目。

当骰子在大瓷碗里落下，发出"叮叮当当"的清脆响声，满堂都

壮元博饼雕塑

郑成功 名森，字明俨，号大木，是17世纪明末民族英雄，因蒙隆武帝赐明朝国姓朱，赐名成功，世称"国姓爷"，又因蒙永历帝封延平王，称"郑延平"。郑成功死后，台湾民间设有庙宇加以祭祀。

探花 是古代科举考试中对位列第三的举子的称谓。与第一名状元，第二名榜眼合称"三鼎甲"。在唐代的科举时就已经出现。"探花"作为第三人的代称确立于北宋晚期，并在后世一直流传不衰。

■ 骰子

是欢声笑语，每个人眼中都洋溢着快乐的微笑，那种其乐融融的感觉很是温馨。

厦门的"博饼"，也叫"博中秋饼""博会饼""博状元饼"，这一风俗的形成与民族英雄郑成功有关。据传，300多年前郑成功屯兵厦门。

每到八月十五月圆之时，满怀豪气的将士们难免会有思乡思亲之情。为了排解和宽慰兵士佳节思念家乡亲人的苦闷，郑成功的部下洪旭发明了一种博饼游戏，让兵士赏月博饼。

郑成功亲自批准从农历八月十三至十八，前后6夜，军中按单双日轮流赏月博饼。这独特的游戏，后逐渐在民间流传和改进，成为一种有趣的民俗活动。

早年，博状元饼多为亲友或结拜兄弟姐妹间大家出钱，购买会月饼，共同博之，谁得"状元"，来年中秋节要赠送一会给大家博。有人生男孩的要送两会。这样年年有增无减，会饼越来越多，只好再分开两组。一般家庭由长辈主持，每年买一二会，全家围成一圈博之。

中秋会饼每会63块饼，每会饼设"状元"一个，"对堂"两个，"三红"4个，"四进"8个，"二举"16个，"一秀"32个。全会大小饼以63块为单位，含七九六十三之数，是个吉利数。因为九九八十一是帝王所用的数，八九七十二是千岁数，而郑成功则封过延平王，所以只能用63之数。

■ 骰子

这大小63块饼，分别代表状元、榜眼、探花、进士、举人、秀才。取民间流行的赌具骰子6颗，放在大瓷碗内投掷，让参与者博弈玩耍。

中秋明月，遥寄思乡之情，中秋会饼，抒发团圆之意。在叮叮当当的响声中，人们欢笑着度过中秋之夜，岁岁年年。

"摆塔"是福州民间特有的习俗。老福州多寺多塔，摆设品也多为古塔的模型，故称"摆塔"。过去福州百姓中秋"摆塔"象征多福多旺，从农历八月初开始，中秋进入高潮。

"鲤鱼饼"是福州中秋节的另外一种特有的习俗。鲤鱼饼通常是由外公、外婆，在中秋节期间送给外孙、外孙女的饼，其形状就像两条鲤鱼并在一起。做法有两种，一种是做包点，在上面绘上两条鲤鱼，一种是做成两条鲤鱼的形状，里面的馅和月饼一样。

鲤鱼饼有两种寓意，一种是鲤鱼放生，含义是"放子化三千"，祈求多子多孙。一种是象征鲤鱼跳龙门，指争取将事情做好、做成功，同时也反映了福建人的一种拼搏精神。

而"糖塔"也是霞浦民俗文化中特有的一道亮丽的风景线。以前临近中秋，霞浦县城的主街道上总能见到各种色彩艳丽、造型各异、栩栩如生的"糖塔"，空气中弥漫着淡淡的糖香味，为当地的中秋节增添浓浓的乡土艺术气息。

关于"糖塔"的由来，还有一个传说。相传，在明朝嘉靖年间，戚家军抗倭于霞浦境内。在中秋夜，倭寇企图乘虚攻城、大战一触即发之时，后方百姓一面曳石，就是将绳子绑住石头，在青石板上拉动，发出巨响，造成城内人多的气势，一面特制圆饼，犒劳三军。

为了解渴，当地百姓将糖熬煎成糖块，供给官兵。戚家军护城胜利后，圆饼被称为"光饼"，糖块也被视为太平的象征。

后来，经艺人加工、手艺更新、时代演变，起初简单、小巧的"鸳鸯""公鸡""八仙"等糖块造型，已发展为不下百种造型，其中以七层宝塔造型最为美观。

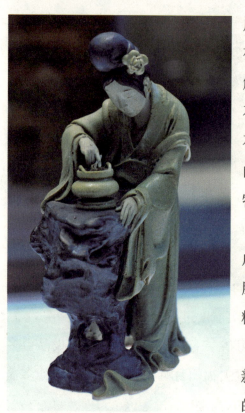

■ 青釉拜月立像

八仙 指民间广为流传的道教八位神仙，八仙之名，明代以前众说不一。有汉代八仙、唐代八仙、宋元八仙，所列神仙各不相同。至明吴元泰《八仙出处东游记》始定为铁拐李、汉钟离、张果老、蓝采和、何仙姑、吕洞宾、韩湘子、曹国舅。

这些造型各异的糖制品，被统称为"糖塔"，成为中秋节日里外祖父母、舅舅送给外孙、外甥的礼物。而中秋曳石、送糖塔的习俗，也由此在霞浦流传下来。

60年一度的中秋点塔灯活动，同样也是福建的传统风俗。这一习俗始于1624年的明代，时瑞云塔竣工已9年，又逢岁序之首甲子。这年中秋由建塔的参与者倡议，在瑞云塔上结彩点灯，以志庆贺。以后沿袭下来，便成为福清独有的甲子塔灯盛会。

历史上较盛大的一次塔灯会要算在清同治年间

举办的那场，1864年的中秋，方圆5千米的男女老幼纷纷赶来参加，台阁、行舟、龙灯、狮舞鱼贯过市，倾城狂欢，通宵达旦，热闹非凡。

旧时，广东东莞有些妇女相信"月老为媒"，凡家中有成年男女而无意中人者，便于中秋夜晚三更时分，在月下焚香燃烛，乞求月老为其撮合。

相传，中秋之夜，静沐月光，可使妇女怀孕。在一些地区，逢中秋月夜，有些久婚不孕的妇女便走出家门，沐浴月光，希望早生贵子，谓之"照月"。这只是人们借中秋圆满之意，给予了心中的希望。

广州人对中秋节的重视程度不亚于大年三十，八月十五中秋节，从前也叫"月光诞"，广州人素有"拜月光"的风俗。

农历八月十五当天，大家一早起来，就开始用月饼、水果祭祖拜神，晚上全家吃团圆饭。晚饭过后，便举行"拜月光"仪式。

■ 古代人们庆祝中秋节蜡像

在天台或门口竖起竹竿，挂上彩灯和灯笼，摆上月饼、柚子、芋头、菱角、香蕉等，对月而祭。祭月时要焚香燃烛，烧"月光衣"。拜完月光后吃粥、吃田螺，一家老少在一起畅叙至深夜。

中秋节在广州还有一种富有情趣的传统风俗，叫"树中秋"。每逢中秋节，各家要用竹条扎灯，灯的开头多样，不单果品灯，也有鸟兽、鱼虫灯，也可砌成字灯。到了夜里，就在灯内燃烛，下面再联结许多小灯，用绳系在竹竿上。然后将竹竿插在房屋高处，如平台、屋顶或高树之上。入夜，满城灯火，如繁星点点，和天上明月争辉，以此庆贺中秋，也叫"竖中秋"。

灯笼也是广州人过中秋的必备品。根据文籍记载，广州旧地名"四牌楼"就与灯笼有关，在明清时期，曾有著名的"灯笼街"。

以此庆贺中秋。在老广州人的心目中，谁家的灯笼挂得越高，就越吉利，越好运。

花好月圆
中秋节俗与赏月之风

阅读链接

在我国东北地区的赫哲族中，广泛流传着一则奔月的故事，但故事并不是发生在嫦娥身上。古时候，一个妇女去江边挑水，抬头望着天上的月亮，觉得明亮的月亮特别可爱，不由得想到自己的身世和在婆家受到的种种虐待、万念俱灰。

她突然萌生了一个念头，何不请月亮神仙帮个忙呢！当她刚开始祈求月神时，从远处江面上晃晃悠悠飘来了一块红色的布块，她试着用脚尖往上一踩，整个身体不知不觉就上去了，并把那位妇女凌空托了起来，慌得她赶紧抓住身边的树。慌乱中竟然将旁边的那棵树连根拔了起来。

这时，布块越飞越快，她也越飞越高。就这样，那位妇女很快就飞到了月亮上。而我们看到月亮上的那些黑影，就是那位妇女和她带到月亮上去的树和其他的物品。

中秋节是我国全民性的重大节日，不但汉族过中秋节，而且侗族、苗族、壮族、傣族、黎族、满族、朝鲜族、高山族等少数民族也过中秋节，节俗各异，富有情趣。

月亮的盈亏晦明孕育了我们对生命不息的精神追求。月亮柔和与宁静为我国文化提供了含蓄、清逸、淡远、宁静的艺术境界，塑造出我国人们在性格和感情上的阴柔。

月儿圆，人团圆，中秋时节话团圆。中秋节是浓缩了几千年儒家文化的"活化石"。它以独特的血亲团圆为基础，将民族团结和国家统一融合于儒家的"团圆文化"之中，造就了独特的、强大的"思亲"和"思乡"的文化流。

万民同庆

文化传承

在各民族中都有对月的崇拜

那是在很久很久的古代，台湾高山族主要分布在山清水秀的大清溪一带，在大清溪边有一对青年夫妇，男的叫大尖哥，女的叫水花姐，他们靠捕鱼度日。

一天，太阳和月亮突然都不见了，天昏地暗，禾苗枯萎，花果不长，虫鸟哭泣。

大尖和水花决定要把太阳和月亮找回来。他俩在白发老婆婆的指点下，用金斧砍死了深潭中吞食太阳的公龙，又用金剪刀杀死了吞食月亮的母龙。

他们还拿了大棕榈树枝，把太阳和月亮托上天

■高山族舞蹈

空。为了征服恶龙，他们永远守在潭边，变成了大尖和水花两座大山。后来，这个大潭，人们就称它为"日月潭"。

所以，每逢中秋，高山族人们为纪念大尖和水花夫妇的献身精神，都要穿起

■ 高山族舞蹈

美丽的民族服饰，齐集在"日月潭"边，在银辉的月光下，模仿他们夫妇托太阳、月亮的彩球，不让彩球落地，玩起"托球舞"的游戏。以求一年的日月昌明，风调雨顺，五谷丰登。

背篓会是高山族青年男女追求爱情的风俗盛会。每年的八月十五晚，月亮升出后举行。会前，主持人将社内情窦初开的姑娘和开始长绒须的小伙子们召集到槟榔树林里，高颂祝辞：

英俊的小伙子，美丽的姑娘们，你们看，这月色多美多柔和，这是月姑娘的笑脸；年轻人，唱啊跳啊，趁此良宵，把心里最甜蜜的歌唱出来，去追求你心中的人吧；我祝贺，祝贺你们幸福，祝贺你们美满！

随后，背篓会开始。头人将红布一晃，未婚男女

五谷　五谷文化可谓人类文明之起源。人类将野生杂草培育成五谷杂粮，这不能不说是人类史上的一个壮举，五谷孕育了人类文明。古代所指的五种谷物。"五谷"，古代有多种不同说法，最主要的有两种，一种指稻、黍、稷、麦、菽。另一种指麻、黍、稷、麦、菽。古代经济文化中心在黄河流域，稻的主要产地在南方，北方种稻有限，所以五谷中最初无稻。

中秋节俗与赏月之风

■ 高山族舞蹈

就迅速散开，在欢呼声中，小伙子们就拥向槟榔树，开始采撷这象征着爱情和预示生活幸福的槟榔。

爬树采撷时，规定肚皮不能碰上树干，全用手脚的力气，以显示小伙子的力气和灵敏。爬到树梢，按规定采下30个槟榔，装入绣花挂包中，从树端滑下来挑选，偷看自己的意中人。

这时，主持人又向姑娘们说道：

跳吧唱吧，我们美丽的姑娘们，背起你那玲珑的藤篓，跑啊唱啊，唱吧跳吧，幸福在向你呼唤，幸福在向你招手，用你智慧的眼睛，去选择你心爱的人吧！

姑娘们在一片欢笑声中，背起用红、黄、蓝、白各色花纹图案编织的轻巧雅致的小藤篓跑开了，小

荷包 是我国传统服饰中，人们所随身佩带的一种装零星物品的小包。荷包的造型有圆形、椭圆形、方形、长方形，也有桃形、如意形、石榴形等，荷包的图案有繁有简，花卉、鸟、兽、草虫、山水、人物以及吉祥语、诗词文字都有，装饰意味很浓。

伙子在后面追逐。他们在笑声中跳着唱着："皎洁的月亮，爬上了树梢。来啊，朋友们，尽情地唱啊尽情地跳。哪路弯哪依哪哪呀噢，跳舞唱歌欢度良宵！"

月光下，互相追逐嬉戏，年轻人边舞边唱："新春的稻米雪白，新酿的米酒甜香。在美丽的月色下，我们欢聚在一起，唱歌跳舞多喜欢，唱起来啊跳起来，请不要停息，幸福的种子，播在我们心里。"

穿着彩色衣裙的姑娘们，在人群中穿梭，小伙子们在后面追逐，将槟榔投进姑娘的藤篓里。姑娘回头瞧那投槟榔的人，如果不是自己看中的小伙子，就带着歉意，笑着将篓里的槟榔抖出来，又唱着跳着向前跑去。如果投来槟榔的人是自己的意中人，便带着羞涩，笑着掏出绣荷包，送与小伙子，然后牵着他的手，向见证人跳去。

见证人就向他们敬酒祝福，姑娘跪下双膝，小伙子弓身半跪地同声感谢他，接着酒杯同饮而尽。然后，手拉手地跳进那神秘的槟榔林里，向美丽的月姑娘送去他们心中最优美最柔和的歌声："你是天上的一轮明月，我是旁边一颗明亮的星星，星星和月亮永不分离，阿哥和阿妹永不变心。"

对那些在这次求情盛会中，一时还没有找到意中对象的姑娘和小伙子们，见证人又送给他们安慰，勉励他们在明年使"心中爱情的种子萌芽、开花"。背篓

少数民族祭祀拜月

苗族 在我国古代的典籍中，早就有关于5000多年前苗族先民的记载，苗族的先祖可追溯到原始社会时代活跃于中原地区的蚩尤部落。苗族人民善于歌舞，歌舞形式丰富多彩，苗族舞蹈、鼓舞、芦笙舞令人叹为观止，因此，苗族被称为"歌舞的民族"。他们精通药草，并善于运用草药治病救人。

会通宵达旦，在月落日出之际结束。

苗族中秋有跳月的习俗。每到中秋之夜，明亮的月光照遍了苗家山寨。苗族男男女女全家团聚后，都要到山林空地上，载歌载舞，举行"跳月"活动。

在苗族的古老传说中，月亮是个忠诚憨厚、勤劳勇敢的青年。有个年轻美丽的水清姑娘，她拒绝了来自九十九州九十九个向她求婚的小伙子，深深地爱上了月亮。最后，她还经历了太阳制造的种种磨难，终于和月亮幸福地结合在一起。

苗族父老为了表达对他们幸福爱情的怀念，世世代代都要在中秋之夜沐浴着月亮的光辉，跳起苗家歌舞，并把这一风俗称为"跳月"。青年男女在"跳月"的过程中，相互寻找心上人，并倾吐爱慕之情，表示要像水清和月亮一样，心地纯洁明亮，永结白头之好。

■ 苗族拜月舞蹈壁画

■ 傣族拜月舞蹈

云南傣族在中秋之夜，盛行"拜月"风俗。傣族民间传说，月亮是天皇第三个儿子岩尖变的。岩尖是个英勇刚强的青年，他曾率领傣族人民打败过敌人，赢得了傣族乡亲的爱戴。岩尖不幸死后，变成了月亮，升向天空，继续发出柔和的月光，在黑暗中给傣族人民带来光明。

每逢中秋节这一天，小伙子一清早就带上弓弩上山打火雀、野鸡，猎取节日野味。姑娘、媳妇们忙着到湖边，池塘里抓鱼，准备节日的晚餐。老阿妈则忙着舂糯米，做各种不同的食物，四只桌角上各放一个糯米圆饼，每个饼上插一炷冷香。

待到月亮从山林上空一升起来，就点燃冷香，全家大小开始"拜月"。然后，对空鸣放火药枪，以示对英雄岩尖的敬意。最后，全家老少欢乐地围坐在小方桌旁，品尝食物，谈笑赏月，尽兴方散。

壮族中秋节在每年农历八月十五晚举行，届时壮

傣族 是我国少数民族之一。傣族全民信仰佛教，但原始宗教活动亦较普遍，如祭祀寨神、寨鬼、农业祭祀、狩猎祭祀、灵物崇拜等。傣族源于长江中上游地区及云贵高原地区的濮人，在以前吸收了大量越人及越文化后，形成了现代傣族的雏形。中国境内的傣族主要生活在云南的热带河谷地带及气温较高的高原盆地。

族人家要赏月、吃月饼。孩子们则用柚子皮自制成各种鬼脑壳，化妆成高公、矮婆，到村里富裕人家桌上取食月饼。青年男女结伴到田地里，象征性地偷回一些瓜果蔬菜，俗称"偷青"。认为吃了这些偷来的瓜果蔬菜可以明目。

广西德禄县的壮族，每年农历八月十五欢度中秋节，以"闹哥孩"活动最具特色。最初这项活动叫"请囊海""囊海"是壮语，即"月姑"之意，意为请月亮里的仙大哥下凡与民同乐。但因为组织者和参加者都是女性，闹的对象又是男的，所以叫"闹哥孩"。

届时，村里的老少男子都要来围观。在闹台上摆一碗米，上插数根燃香，一边摆一碗月饼。闹台的两边各竖立一根柴担，一根的顶部插一个柚果，果上有若干香条和蜡烛；另一根顶部挂一双鞋、一双袜子和一块面巾，妇女们围闹台而坐，开始唱歌请月亮上的仙大哥下来与民同乐。

古人拜月图

歌唱近一个小时后，数位女子站起来东跑西窜，人们即知这是仙大哥下来了，那些女子便是仙大哥的化身。她们跑一阵后就在闹台前坐下，身子左右摇摆，口里说着含混不清的话。

这时，其他妇女一起上前来问她们将来的祸福，仙人托身的女子也一一作答，从此后她们便是公认的巫婆。"哥孩"下来后，闹台

中秋民俗画

周围的妇女便开始对歌，内容一般不涉及爱情，多是有关史实、社会一类的，尽兴方散。此后，对歌还要持续数个晚上。

在广西靖西、那坡一带的壮族，到了这一天，姑娘们用艾叶水沐浴，梳妆打扮，打扫屋内外，用柚子叶水洒在房屋四周。把一根5米至10米长的竹竿竖在门前空旷地，顶上插一个插满线香的柚子，香烟缭绕，作为指引月姑下凡的天梯。门前置桌，放上月饼、香蕉、柚子、甘蔗、柑橘、煮熟了的芋头和成把的毛豆等供品。

姑娘与小伙们围坐在一起，推选一位姑娘扮作月姑，坐在地席中央，用两手中指和拇指分别压住双眼和双耳，旋转头部，以示正从月宫下凡。大家将月姑认作"同年姐妹"，也就是义姐妹，请她对歌。大家发问，她作答，场内欢歌笑语，情意绵长。

八月十五这天，在广西西林等地的壮族中，却有"骂中秋"的习俗。传说，古代有位耿直的姑娘，不爱虚伪的甜嘴，却欣赏尖刻的骂人艺术。有一个男青年在中秋之夜，当众痛骂偷姑娘所种的甘蔗的人，骂得痛快淋漓，姑娘被感动，因而嫁给了青年。

从此，形成一种青年人以恶作剧引入发骂的风俗。他们三五成群，乘老人中秋赏月之际，用反锁大门、搬走石磨、拔掉菜秧、抖落果实等小小的恶作剧，以引起主人痛骂。而恶作剧者往往还要挑选善于骂人的人家，进行挑衅活动。

按惯例，骂人者不能使用污言秽语，只能以刻薄的语言显示其骂人才能。当地风俗认为中秋之夜被骂得越多，就越长寿。因而形成一个不是以欢歌曼舞，而是以骂不绝耳为主要内容的奇特节日。

蒙古族有中秋"追月"的习俗，所谓的"追月"就是追寻月神。在中秋之夜，蒙古族人要跨上骏马，在银白色的月光下，驰骋在辽阔的草原上追寻月神，以期获得月神的保佑。

因为月亮由东方升起，坠落于天际西方，他们就朝西放马奔驰，不到月亮西下，"追月"就不会停止。

阅读链接

在我国，以太阳和月亮作为崇拜的对象，可能从农业起源时即已出现。在大汶口文化的陶尊上就发现了日、月崇拜的图像。在我国的岩画资料中，也有拜日月祭天的场面。

如西藏日土县任姆栋岩画的内容包括太阳、月亮、动物、人物、武器和器皿。有一幅岩刻，高2.7米、宽1.4米，画面表现的是原始宗教为祈求人畜兴旺而进行祭祀活动的宏大场面。画面下部，分九排刻有125个羊头，大约是祭礼的牺牲。这种大量以杀牲为特征的血祭，是早期原始宗教的祭祀活动所为。崇拜月亮。

除了在神像上画月亮外，每年农历八月十五都要供奉月亮。鄂伦春人认为月亮是负责夜间照明、监督野兽行动的值班神。若打不到猎物，他们就在空地上放一个盆子，向月亮叩头，祈求月亮保佑他们打到猎物。发生月食，也要击盆叩头拯救月亮。

洋溢着浪漫与温馨的欢聚

相传在唐代永徽年间，在渔潭坡油鱼洞中，有一条修炼成精的红鱼精，经常到洱海中兴风作浪，倾没渔船，伤害渔民，当地人民苦不堪言。

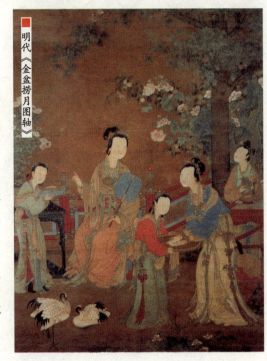

明代《金盆捞月图轴》

一天，观音路过渔潭坡，红鱼精正在洱海中兴风作浪，只见洱海上空狂风暴雨，渔潭坡上飞沙走石，一艘艘渔船沉没海中，无数渔民葬身海底，于是观音抛出一张大网将红鱼精罩住，顿时风停浪止、晴空万里。

观音制伏了红鱼精，并与红鱼精约法三章，准它于每年农历八月十五出洞活动一次，

■ 版画拜月同祈

白族 我国西南边疆一个少数民族。使用白语，绝大部分操本族语，通用汉语文。元明时使用过"僰文"，即"汉字读白"。使用汉字书写，有自己的语言，文学艺术丰富多彩。善经营农业、盐渍杜鹃花。三道茶是云南白族招待贵宾时用的传统饮茶方式。

其余时间均在洞中，鱼精一一应允了，于是又把它放回洞中。

为防止红鱼精出洞后再兴风作浪，观音让当地渔民于每年农历八月十五日红鱼精出洞这天在渔潭坡上赶会，交易捕鱼网具和鱼叉，当红鱼精出洞时，看到熙熙攘攘的渔民们在交易捕鱼网具时，又退回洞中，不敢出洞作祟。

随后渔潭会由交易捕鱼网具发展为物资交流大会。至今在渔潭会开始的头天早上，即八月十五清晨，渔民们仍在渔潭坡油鱼洞的青官庙前的两棵大青树下，交易渔具，当太阳出山后即散，转为交易其他物资。交易渔具这种习俗，相传就是唐代渔潭会习俗的遗留，久而久之，渔潭会就成了当地中秋节的一大庆祝活动。

渔潭会又叫"八月十五街"。每年农历八月十五，大理、洱源一带的白族群众，都要到苍山洱海最北端的洱源沙坪去赶渔潭会。

渔潭会是大理地区的秋季物资交流会，会期7至8天。会期除农具、渔具及大牲畜交易外，置办嫁妆也是渔潭会的主要内容。当地白族的婚礼一般集中在腊月，而订婚则在农历八月以前。

按当地风俗，男方在订婚后，要先送部分彩礼给女方。因此，人们就在渔潭会上置办彩礼，如柜子、玉镯、服装、刺绣品等。久而久之，嫁妆交易成了渔潭会的主要内容，渔潭会也被称为"嫁妆会"。

白族传说，观音菩萨吩咐人们在此交易渔具，以困住为害百姓的鱼精，久而久之发展成了渔潭会。后来，渔潭会已经发展成为大理仅次于三月街的地区性物资交易集市。因时逢中秋团圆节，又以置办嫁妆为主，渔潭会洋溢着"月圆人更圆"的浪漫与温馨。

舞火狗节是广东省龙门县一带瑶族节日，在每年的农历八月十五举行，意在驱邪避邪。

我国南方的民族大都崇拜火神，舞火狗就是源自于瑶族对狗的崇拜。瑶乡世代与狗和睦相处，相传瑶族峒主年幼丧母，其父用母狗奶水把他养大。因此，狗对瑶族有育人之恩，舞火狗也是图腾崇拜的表现形式。

舞火狗既是瑶族的一种祭祀活动，也是一种特殊的礼仪，每个瑶族少女至少要参加两三次舞火狗才能谈婚论嫁，所以，舞火狗也是瑶族少女的成年礼。

舞火狗的服饰道具主要为线香、竹笠、黄姜叶、山藤。黄姜叶是瑶民祖先的服装，用黄姜叶表演就是为了纪念先人生活的艰辛。每年农历八月十五白天，各村妇

版画拜月同祈

■ 瑶族舞蹈

祠堂 在古代封建社会里，家族观念相当深刻，往往一个村落就生活着一个姓的一个家族或者几个家族，多建立自己的家庙祭祀祖先。"祠堂"这个名称最早出现于汉代，当时祠堂均建于墓所，曰墓祠。南宋朱熹《家礼》立祠堂之制，从此称家庙为祠堂。

女就要上山采摘黄姜叶，为晚上的舞火狗作准备。

姑娘们都是村里的未成年少女，她们要在长辈的帮助下捆扎服饰，完成"火狗姑娘"的扮演工作。舞蹈以"叩拜"为主，反复吟唱着古朴的民族歌谣，礼毕与意中人对歌。

"舞火狗"的活动有一种古朴美贯穿始终，而礼毕后与意中人的对歌给少女们增添了快乐。每年农历八月十五晚上，未婚瑶族姑娘饭后集中，由年长"有福分"的妇女给她们捆上黄姜叶、山藤，戴上四周插着香火的竹帽，扮演"火狗"。

村里长者在祠堂供奉先祖后，少女们先在祠堂叩拜，再到村里地塘，围着地塘舞拜几圈。这期间，少女们边舞蹈边反复清唱着旋律古老、悠扬的歌谣，之后的各种舞拜仪式也是如此。

地塘舞拜后，少女们唱着歌穿道过巷到村里每户人家的厨房进行灶台舞拜，再接着到各户的菜园舞拜，祈愿蔬菜长得茂盛。最后，各村的火狗队汇集在一起，似一条长龙蜿蜒游舞到村外河边，活动开始达到高潮。

抵达河边后，少女们将身上捆扎的黄姜叶、竹帽、香火等全都扔到河里去，然后用河水濯洗手脚，象征沐浴全身，祛除病邪，并相互泼水嬉戏。

在整个活动中，鞭炮声不时响起，燃放鞭炮为之助威的是男青年。他们到达河边后会守候在河岸，等待少女们濯洗手脚上岸后，就选择自己的意中人，两相对歌至天明。

傍晚，姑娘们先在宗祠里奉上狗粮袋，点燃香火，从大门行至祭台前祭拜祖先，感激先人的恩德，祈求风调雨顺。

祭拜之后，姑娘们列队来到坪地开始表演舞火狗，少女们围着坪地边舞边唱。结束坪地的舞蹈，她们再到各家的灶塘石祭拜，祈求火种长存。接着她们还要祭拜菜园，祈求蔬果繁茂，三餐无忧。

祭拜结束后，姑娘们要穿过长长的巷道，经过曲折的田埂，走向村旁的溪流，将身上佩戴解下弃于流水中，以示驱逐瘟疫，保佑健

瑶族"舞火狗"表演者

侗族舞蹈

康，再洗净手足，准备参与一年一度的对歌比赛，这是年轻人以此大
胆求爱、展示自己魅力的最佳时机。

舞火狗时，男青年点燃鞭炮，为姑娘们的舞蹈相呼应，现在他们
又来到村头与姑娘们隔河相望，他们唱起古老的情歌，表达彼此心中
的爱慕之情，两岸歌声此起彼伏，一来一往，好不热闹。

情哥送饼日是贵州省黔东南苗族侗族自治州南明、大广一带侗族
传统节日，时间在每年农历八月十五。

这一天早饭后，年轻后生们便邀伙结伴，背着芝麻月饼前去与姑
娘们会面。姑娘们早就到达约定的地点，并躲在附近草丛中，偷听后
生们对自己的议论。

粗心的后生一旦失口让姑娘听到，或情谊断裂，或被讥讽嘲笑。
等双方会面，就一对对分散，走向自己选定的僻静地，双方叙述相思

之情，考查对方是否变心。

　　然后，后生摘下木叶铺地，恭请对方坐下，将准备好的月饼摆在木叶上，请姑娘享用。他们一边吃月饼一边谈情说爱，憧憬日后生活，或说或唱，直到日落西、鸟归巢。吃不完的月饼都由姑娘带走。

　　送月饼，是南明、大广一带侗族青年恋爱过程中，必须要例行的活动。这一活动不仅能使男女双方从说话唱歌中，了解对方是否爱自己，还可以了解对方是否有才智，家境如何等。如果男方表现出语言污秽、举止轻浮，女方即可拔腿离去，恋爱就此结束。

阅读链接

　　在云南的云弄峰下洱海边，有一个山坡叫渔潭坡。坡下全是纵横交错的石洞，其中有一个大洞，叫渔潭洞。油鱼从洞中游进游出，尤其秋季为盛。

　　油鱼，据说仅此地独有。它有一两寸长，因体细鳞小、肉嫩油多而得名。烹调时无需放油，其味鲜美无比。若加新鲜豆腐，味道更佳，这就是本地名菜"油鱼豆腐汤"。

　　传说油鱼是鱼精的子孙。很久以前，鱼潭洞口常停栖一头老鱼，它内吞五行之精，外感阴阳之气，百年后便成了鱼精。它时常酣睡，在酣睡中产出油鱼。

　　每年八月十五是它苏醒的日子，它一醒来，就把嘴伸出水面，把坡上的行人吸进肚里，不少人葬身鱼腹。

　　为了阻止鱼精吃人，白族人每年从八月十五开始，在渔潭坡上搭起帐篷，举行盛会。白天人声鼎沸，夜晚灯火辉煌。鱼精就不敢再出来了。从此，渔潭会就在每年八月十五举行，会期7至10天。

风格迥异的各民族尝新节

尝新节是云南一带彝族的传统节日。时间在每年农历八月十五，开镰收割稻谷之际。

彝家人在"尝新节"吃饭之前，先要舀一大碗米饭喂饱家里的狗，然后人们才能开始吃尝新饭。这一种习俗有一段不寻常的来历。

相传在远古时代，洪水淹天，泛滥成灾，人世间生灵涂炭，万物绝种。彝族始祖阿笃兄妹带着自家的小狗和一只公鸡，在洪水淹天时躲到葫芦里漂流，历尽艰辛，最后漂泊到波罗海边的柳树湾。

到洪水退去，阿笃兄妹藏身的葫芦挂

彝族少女

■ 彝族舞蹈

在了柳树上，当五更鸡鸣犬吠天破晓的时候，从天边飞来了一只神鹰，啄通葫芦，阿笃兄妹得以生还。

从此人世得以延续。脱险后的阿笃兄妹惊喜地发现，在狗尾巴的绒毛上还粘着几粒谷子，在狗的膀子下还夹着两粒扁豆，原来是洪水到来之前，狗曾经爬到五谷堆上嬉戏打闹粘上的。

由于狗的功劳，世上的五谷粮种没有因洪水淹天而绝种，人的生计得以延续。从此，彝族视狗为福禄的化身，救命的伙伴。

平日里悉心喂养，出门劳作牧耕形影相伴，而且忌食狗肉。每当年节或重大喜庆节日，都要先喂饱狗，然后人才能用餐。

在家里，彝族对打鸣报晓的公鸡也是十分珍爱的，只要是喜庆节日或上山狩猎，都要先看鸡卦预测吉凶方才出行。他们认为鸡知晨懂时，能先知先觉，

彝族 我国具有悠久历史和古老文化的民族之一，有诺苏、纳苏、罗武、米撒泼、撒尼、阿西等不同自称。彝族历史悠久，文化丰富多彩，古时候就对历法和宗教信仰有着深刻的研究，在常年的发展中形成了自己的饮食和服装文化，经济也得到了发展。

花好月圆

中秋节俗与赏月之风

■ 彝族祭祀活动

《吕氏春秋》
秦国丞相吕不韦主编的一部古代类百科全书似的传世巨著，有八览、六论、十二纪，共20多万言。《吕氏春秋》是战国末年秦国丞相吕不韦组织属下门客们集体编撰的杂家即儒、法、道等的著作，又名《吕览》。

有预测未来吉凶福祸的本能。

在《吕氏春秋》中也有"天子乃以犬尝稻"的相关记载，说明这是远古孟秋之月一种重要的祭神酬报仪式。或许在岁月中已经忘记了狗与稻之间有何联系，但是"以犬尝稻"的仪式仍然保留下来。在很多地方，人们总是先以新米饭祭神祀祖，再盛给狗吃，然后全家人才聚餐。

在尝新节前几天，穿戴一新的大妈大嫂、姑娘媳妇，头戴麦秸草帽，身背竹编背篓，到稻田里采选早熟、丰盈的稻穗。她们下田前，还把点燃的红线香插在田埂上。于是丰收在望的田野上，香烟袅袅飘逸，欢声笑语荡漾。人们把采选回来的稻谷晒干后，就用水碓舂打。在这些日子里，一些村寨里的舂米声，犹如一曲曲既富有节奏，又和谐悦耳的田园乐章。

过尝新节这天，彝族会宰鸡，鸡卦应由族内尊长者剥食看卦，如果有远方的客人同桌吃饭，鸡头鸡卦，一定得拈在客人碗中，以示对宾客敬重。

彝族对葫芦和杨柳也情有独钟，视杨柳树为吉祥树，把葫芦作为崇拜物，鹰爪则作为毕摩祭祀作法驱邪的重要法具。

彝族认为神鹰拯救过人类，锋利的鹰爪能刺破邪恶，祛恶扬善，具有无边的法力。彝族过尝新节，要接回出嫁的姑娘，请来族内的长老，亲朋好友相互邀请，杀鸡宰羊，庆贺丰收，品尝新米饭。

彝族吃新米饭时，长者为尊，宾客至上，长者和宾客要坐在正堂中央"上八位"，先由长辈举杯把盏，后生晚辈才能端碗拿筷，否则会被视为对尊长和宾客不敬。席间彝家姑娘会趁你不备，亲昵地给你碗中添满新米饭，让你吃饱喝够，但忌讳泼洒浪费。

此外，人们还要端着筵席，点着香火，先到田坝

卦 《周易》中一套有象征意义的符号。以阳爻、阴爻相配合，每卦三爻，组成八卦，象征天地间八种基本事物及其阴阳刚柔诸性。八卦相互组合重叠，组成64卦，象征事物间的矛盾联系。古代视占卜所得之卦判断吉凶。

157

万民同庆

文化传承

■ 彝族中秋舞蹈

■ 彝族大三弦表演

葫芦笙 是彝、拉祜、佤、傈僳、哈尼、黎、纳西、怒、普米、苗等族单簧气鸣乐器。彝语称布若、昂。拉祜语称若、若果箪。佤语称拜、拜桂、恩拜因、唔变。傈僳语称玛纽、阿普箪。哈尼语称拉结、报扎。纳西语称妞篾、贝批又。

里祭"田公地母""五谷神王",再回家祭"灶王府君""列祖列宗"。之后,才围坐在桌子周围,共进晚餐。

是夜,男女老少在皎洁的月光下,吹起葫芦笙、笛子,弹起大三弦,围着篝火跳起欢快的"切托咕"。男女青年喜欢到湖岸边、田坝里,在龙头三弦伴奏下对唱调子,各家各户的主妇,则在家中煮新米饭,做"八大碗"。

尝新节的晚餐是很丰富的。诸如排骨炖荷包豆、白木瓜鸡、泥鳅钻豆腐、油煎乳扇等白族风味佳肴,在很多人家的席面上都能看到。

当然,除了彝族之外,还有很多少数民族也同样有着中秋过尝新节的风俗,尝新节没有固定的日子,哪一天过尝新节,要由稻穗成熟的迟早来决定。

白族过尝新节的习俗源远流长，明代学者谢肇淛在其《滇略·风俗》中，就写下这样的文字：

夏秋之交，稻向未熟，先取其稚穗，扁而晾之，致馈于亲厚，谓之尝新。

在梁河、陇川一带的阿昌族也有于农历八月十五过尝新节的习惯，节日的当天要到地里拔一篷籽结得最多的芋头，砍一棵结双穗的玉米，捆在一根竹棍上，摆放在屋角，然后舂新米做饭，饭熟后要先盛一碗喂狗，最后全家聚餐。

农历八月十五是花好月圆的日子，也是彝家人传统的尝新节，彝语叫"切戏作璞"。此时田里的早稻已经成熟，人们收回新谷，晒干扬净，用蔑囤箩储存起来。节日当天一定要舂出新米，尝新过节。如果遇

谢肇淛（1567年—1624年），1592年进士，历任湖州、东昌推官、南京刑部主事、兵部郎中、工部屯田司员外郎，曾上疏指责宦官遇旱仍大肆搜刮民财，受到神宗嘉奖。曾与徐火勃重刻淳熙《三山志》，所著《五杂俎》为明代一部有影响的博物学著作，《太姥山志》亦为其所撰。

■ 景颇族舞蹈

花好月圆

中秋节俗与赏月之风

■ 景颇族舞蹈

景颇族 我国云南世居民族之一，由唐代"寻传"部落的一部分发展而来。他们主要从事农业，种植水稻、玉米、早谷等作物。有自己的语言和文字。景颇族素以刻苦耐劳、热情好客、骁勇威猛的民族性格著称，他们被称为像狮子一样勇猛的民族。

上阴雨天气，就用炕展焙干，用杵臼舂出新米，保证节日吃上新米饭。

景颇族的尝新节俗称"吃新谷"，原本是景颇族在秋收前谷物基本成熟后举行的一种原始宗教祭典。尝新时，各部落、村社的群众齐集官家，担任取尝新谷的老年妇女身着盛装，用来盛放稻谷的竹篮，四周要有稻米、豆类、高粱以及五颜六色的鲜花点缀。

收来的稻谷上面用大而圆的青叶覆盖着，背到家，先由老年妇女用锅炒，炒后由姑娘用手碓舂，并把舂好的米用姜拌好，再由巫师主持祭祀，感谢各种神祇赏赐的丰收。祭毕，巫师当场抛丢用青叶包好的小包新谷和菜，意让野精灵分享。

之所以要包成小包，是为了预防众多的鬼类抢食祭品。尝新时，虽全村男女老少都来参加，但每人仅能分到一小包新米，做饭时主要加陈米作补充。当在山官或头人家举行的尝新仪式结束后，群众才正式开始尝新。

在开镰之前，主人先割一些新谷，恭恭敬敬地背回家，供在"鬼房"里。祭品有鸡蛋、酒、糍粑等。请巫师祈祷"家堂鬼"和其他鬼类，保佑谷子在未收到家前免遭灾害。祈祷完毕后，所供祭品由巫师和老人分享。

朝鲜族在中秋这天宰牛杀鸡，烹煮佳肴，用新谷制作打糕和松饼等节日食品。松饼是把米面蒸熟后打成黏团，再擀成小片，或把米面和好擀成片，用小豆、豌豆、芝麻、苏子、栗子、糖等做馅，包成弯月形菱角状，入锅蒸熟后即可食用。大小如花生，味道似汤圆，别有一番风味。

入夜时分，朝鲜族人用木杆和松枝搭起"望月架"，先请老人上架探月，等老人下来后点燃望月架，敲长鼓、吹洞箫，一起合跳"农家乐舞"。

客家人称中秋为"八月节"或"八月半"。每逢中秋圆月升起

■ 朝鲜族长鼓舞

拜月图

时，客家的人们早早便在庭院、楼台，或屋前的禾坪对着月亮升起的地方，摆出月饼、花生、柚子等果品，准备"敬月光"活动。

拜过月后，一家大小在外面赏月、吃东西。赏月其实是大人们的事，小孩子一般不会端端正正坐在那儿看，都是在皎洁的月光下追逐嬉戏，此时这里正是他们的天堂。

对于吃东西，是有些讲究的，往往先吃这些祭过月神的祭品。这是华夏祭祀文化的传统，就是在神主享用后，祭者常常会把祭品分吃掉，这样整个祭祀礼仪结束。

在分吃的过程中，一方面接受了月神的赐福，一方面履行了传统的祭祀文化。梅县客家人的说法是，吃了这些祭品会更"乖"，更有福气，更吉利。

在梅州，除了月饼这个传统的、带有普遍意义的中秋食品外，柚子也是必不可少的节日食品，品种有金柚、蜜柚或水晶柚。

而中秋吃柚子也是有一定含义的，像剖柚子叫"杀柚"，带有驱邪的意思。也有说剥柚子皮是"剥鬼皮"，寄寓了驱邪消灾的愿望。

丰富多彩的中秋节习俗，让各族人民各显其独特的中秋文化。在月明风清的中秋之夜，祖国大地开满喜庆团圆之花，与明月同在，永远令人心仪神往。

除此之外，在我国还有很多极具风格特色的中秋习俗，摆塔盛行

花好月圆

中秋节俗与赏月之风

于明代嘉靖年间，戚继光赴闽平倭患大捷全胜，回到福州恰逢中秋节。福州百姓为欢迎凯旋之师，就把家里的贵重物品拿出来，摆在门口以示庆贺。

吮田螺的习俗有一个传说，相传张古老精于编织草鞋，赠送给无鞋穿的穷人。某财主得知，认为是生财之道，要张古老给他的家丁传授织鞋技艺，张不允被打至吐血。张临死前恐艺失传，乃于八月十五夜叫穷邻居过来，在月下授编鞋艺，教至刚织好鞋底便身亡了，所以草鞋都是有底无面，前后安耳，用绳穿成。

张古老生前喜食田螺，故广州及珠三角一带的人们每年中秋节以螺拜祭张古老，拜后大家一同吮食田螺，说吮螺会使眼睛更明亮。

中秋征联不知始于何时，有一年，文人谭杰南和陈伯绮将位于第十甫的关姓大宅改建经营饮食，店号"陶陶居"。后为宣传其制作中秋月饼之精，举办月饼征对联，请名士黄慈博阅评等第。评出第一名为闻谷音，其联云：

明月不愁珠馈夜；
中天高望练横秋。

这个活动便一直传了下来。

在多数人都盼中秋月圆的时候，在有些地方却

古人月下宴饮图

古人中秋赏月图

是盼望"月破"。中秋之夜，家家院子里放一盆清水，当圆月的倒影出现在盆中时，人们便不停地用小石子击打，直把那轮圆月打得"体无完肤"。

还有的地方，家家都剪一个又大又圆的月亮贴在窗上，按当地风俗，这圆月必须在当天撕破，这样可以驱除邪气，带来好运。

在浙江省山区流行一种叫作"抢瓜"的习俗。青年和孩子们分别在白天或晚上举行抢瓜比赛，看谁最先抢到瓜。胜者即意味幸福吉祥，还可得到奖励。

阅读链接

尝新节也是云南德宏傈僳族的风俗习惯，德宏傈僳族阔时节是一年中最隆重的喜庆节日，在每年的八月十五，被本族人视为新年。

这一天的活动内容十分丰富，夜里，在明月下，老人以酒、肉、粑粑等食品祭奠天地祖先神灵，象征性地在火塘的三脚架、门、柱上各粘一点食物，为感谢耕牛一年的劳累和家犬的祖先给人类带来的种子，请它们先品尝一点年节的食品。

第二天，整日欢歌狂舞，弹奏三弦、篾弦、笙、笛等乐器，在酒兴诗情的气氛中，男女老幼皆上场。